KB273891

"수고하고 무거운 짐 진 자들아 다 내게로 오라 내가 너희를 쉬게 하리라 나는 마음이 온유하고 겸손하니 나의 멍에를 메고 내게 배우라 그리하면 너희 마음이 쉼을 얻으리니 이는 내 멍에는 쉽고 내 짐은 가벼움이라 하시니라"(마 11:28-31).

교회 부흥에 대하여 "교회 부흥은 쉬운 것이다"와 "헛소리 하지 마라. 당신이 그렇게 잘났어?" 사이에는 종이 한 장의 차이가 있다. 부흥에 대한 정의가 각자 다를 수도 있지만, 만약 교회 부흥이 어려운 것이라면 예수님이 쉽다고 하셨을까. 나의 멍에는 쉽고 가볍다고 말씀하셨다. 주님과 다툴 수가 없는 문제이다. 무조건 주님의 말씀이 옳다고 믿어보자. 교회 부흥은 절대로 어려운 것이 아니라는 것을 믿자.

어떻게 생각하면 사람들이 어렵게 느껴지는 것은 좋을 수도 있다. 내가 올바로 서서 이러한 자세를 갖추려고 노력하면 되는 것이다. 다들 어렵게 생각하는 가운데 내가 그 원리를 터득하여 신나게 목회하는 것은 좋은 일이 아닌가. 부흥은 신비한 것이 아니다. 다들 어려운 문제라고 생각하고 있다. 다들 힘들어 한다. 오히려 거기에 문제 해결이 있을 수 있는 것이다.

부흥을 하고 싶다면 부흥을 하고 싶다고 한번 외쳐보라. 그 다음 거꾸로 생각하여 보자. 부흥을 하려면 무엇을 잘해야 하는가. 사람들이 와야 부흥이라고 하지 않는가. 사람들이 어떻게 하면 오는가. 거기에 답변을 할 수 있는 사람이 되어야 한다.

너무 잘하지 않아도 된다. 다만 최선을 다하는 것이다. 그것을 고생이라고 생각하지 하지 말자. 고생이라고 말하지 말자. 세상 어디에 가든지 다 그 정도 이상은 고생하는 것이다. 아무 고생도 하지 않으려고 하면 안 된다. 고생하다보면 재미도 있는 것이다. 고생하지 않는데 무슨 재미가 있겠는가. 이것을 받아들이면 부흥은 되는 것이다.

교회 부흥은 잘난 사람만 하는 것이 아니다. 못난 사람도 할 수 있다. 얼굴도 받쳐주고 머리가 좋은 사람이 하는 것이 아니다. 가문이 좋은 사람이 목회하는 것이 아니다. 나같이 못난 인간도 목회를 잘 할 수 있는 것이다. 목회는 확실하게 재미있는 것이다. 소위 말하는 좋은 대학 나온 사람만 하는 것이 아니다.

나는 고수가 아니다. 그러나 스펙을 갖추기 못했지만 어떻게 하면 된다는 것을 확실하게 알 수 있었다. 벌써 기가 죽으면 무슨 성취가 있겠는가. 눈에 불을 켜라. 끝까지 한번 해보시라. 확실하게 어려운 가운데 쉽게 풀려지는 방법도 있는 것이다.

나는 이렇게 앉아서 당신은 반드시 나보다 정말 괜찮은 사람이라고 확신하고 글을 쓰고 있다. 나는 이렇게 외치고 싶다. "당신 할 수 있어. 당신 할 수 있어. 그 능력이 당신 안에 있어. 나 같은 사람도 했는데 뭐." 진정으로 하는 말이다.

미국의 30대 대통령 켈빈 쿨리지가 말했다. "당신은 재능이 있는가. 그 재능이 바로 성공을 막는 요인 중의 하나이다." 자기를 부정하라. 당신은 할 수 있는 방향으로 잘 선택했다. 당신도 할 수 있다. 하나님을 믿으라.

2018. 7

김 형 제

c o n t e n t s

18명에서 1000명 교회로 부흥한
김형제 목사의
"강력한 부흥의 원리"

반드시 부흥할 수 있습니다

김 형 제 지음

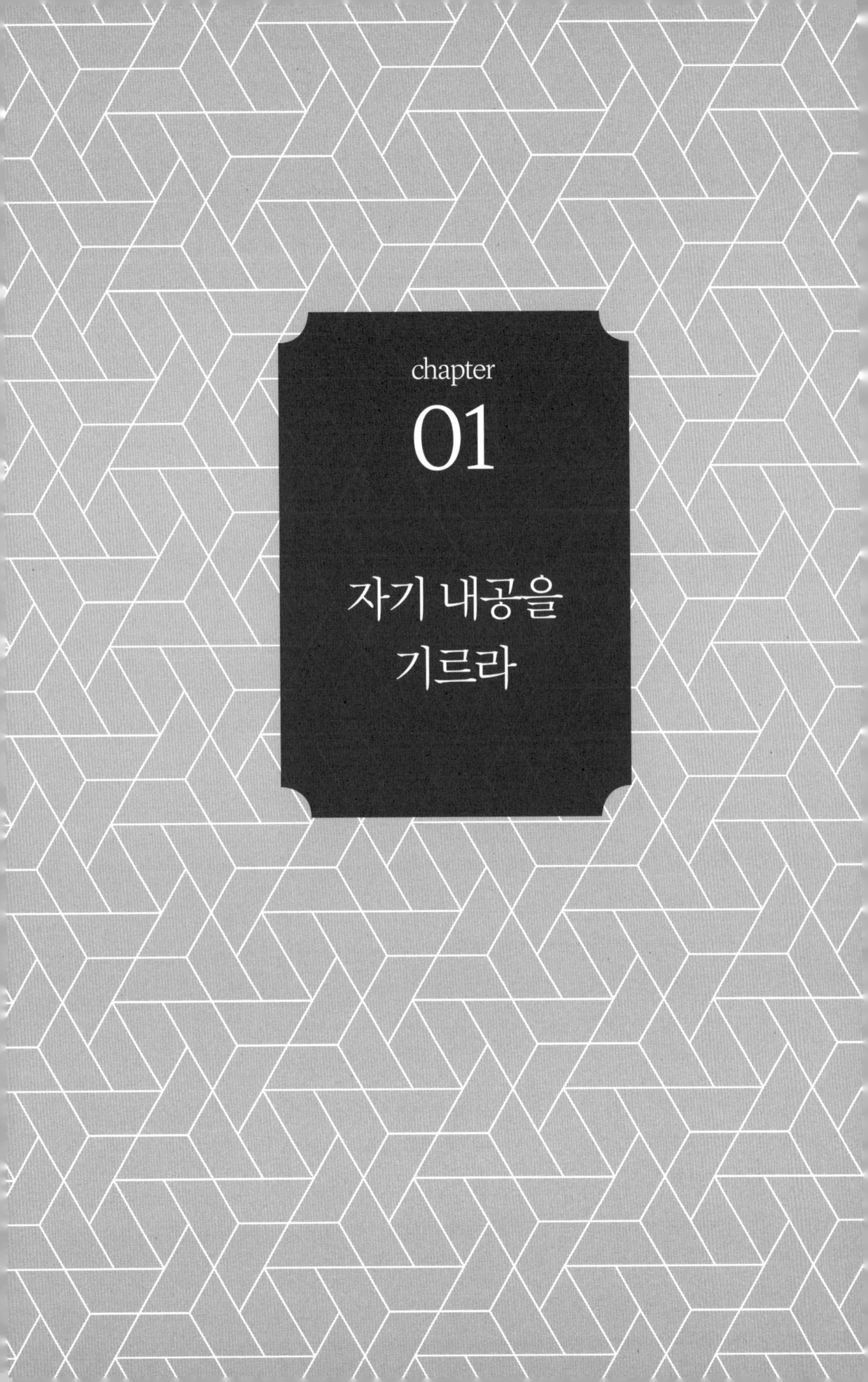

chapter
01

자기 내공을
기르라

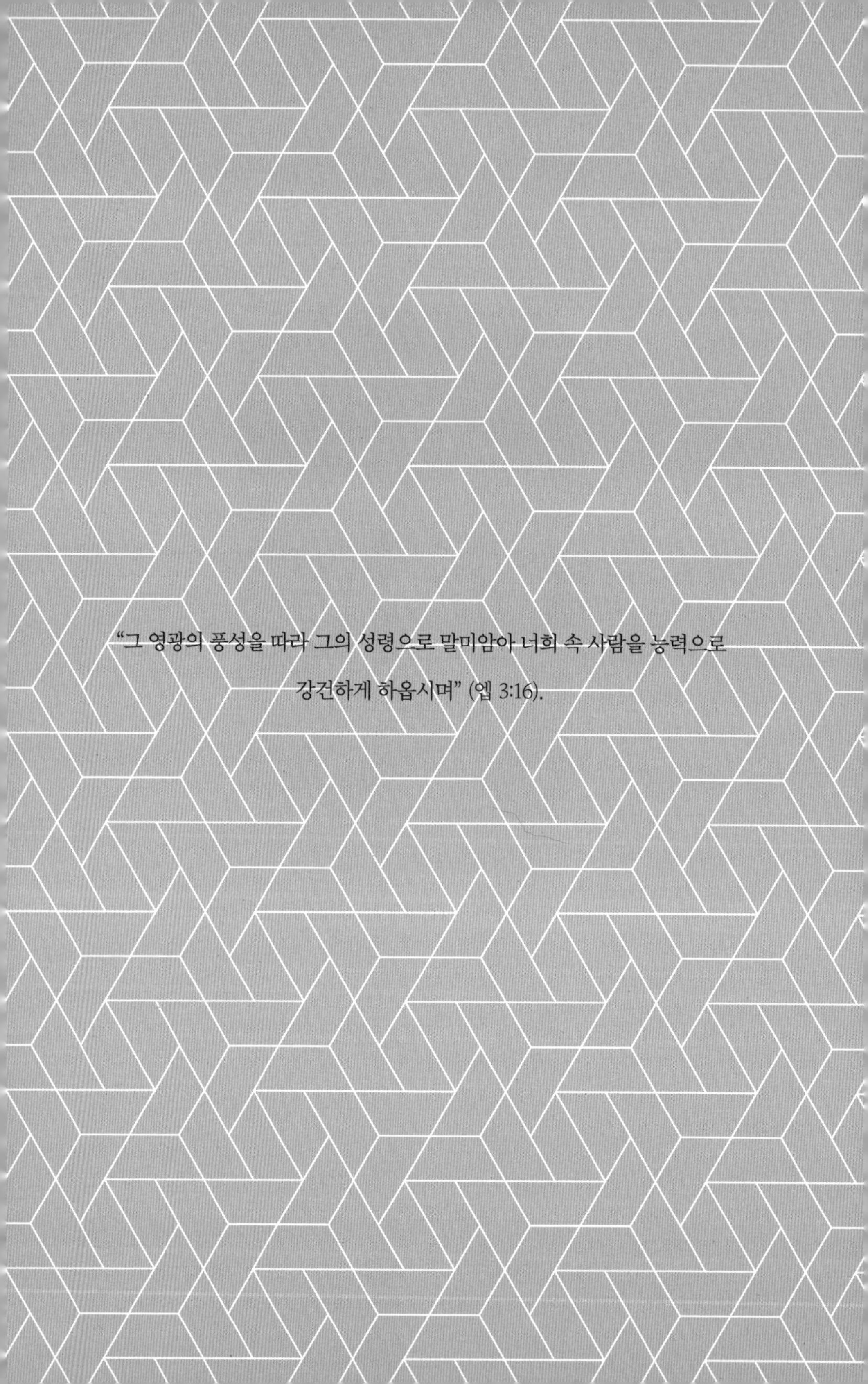
"그 영광의 풍성을 따라 그의 성령으로 말미암아 너희 속 사람을 능력으로
강건하게 하옵시며" (엡 3:16).

사람은 아무나 따르지 않는다. 내공이 강한 자에게 내공이 약한 자가 따르는 것이다. 내공이 강한 자는 내공이 약한 목회자의 교회에 등록하지 않는다. 눈빛에 내공이 들어 있어야 한다. 걸음걸이에 내공이 들어가 있어야 한다. 목소리에 내공이 들어가 있어야 한다. 자신의 내공관리, 이것이 바로 교회의 부흥이다.

내공만 관리해도 부흥은 온다. 내공이 있어야 한다고 믿기만 해도 뭔가 달라질 것이다. 이것이 얼마나 좋은 일인가. 이것이 얼마나 축복된 일인가. 내공도 쌓고, 사례도 받고, "목사님! 목사님!"하면서 따라 주는 일이 바로 목회인 것이다. 내공이 약하면 "목사님이 딴 교회에 가 주시면 좋겠다"라고 한다. 그렇지 않으면 교인들은 도망가려고 한다. 이것은 비정한 세계이다. 그러나 교인들은 목사가 웬만큼 내공이 시원찮더라도 기다려주니 얼마나 좋은가.

마음을 바꾸라. 지금부터 내공을 기르기로 작정하라. 교인들에게는 아무 원망의 말도 하지 말라. 오직 내공 기르기를 힘쓰라. 내공이 없이 교인이 와서 부흥이 되어도 그 부흥은 오래가지 못한다. 내공이 쌓여 있으면 겁나는 것이 없다. 언제 어디서 개척을 해도 된다.

"내공? 그러면 그렇지. 나는 원래 내공이 시원찮은 사람이야. 그런데 뭐 내공을 기르라고? 내공이 하루아침에 길러지나?" 그렇다. 하루아침에 내공이 길러지는 것은 아니다. 그러나 지금까지 하나님이 투자한 것이 있다. 보통 양이 아니다. 지금까지 당신이 힘쓴 것도 보통 양이 아니다. 좌절을 경험하지 않는 내공은 절대 있을 수 없다. 그런데 내 이야기를 듣고 좌절의 사이클을 한번 바꾸어 보라는 것이다. 수없는 좌절과 수없는 투자가 헛되지 않기 위해서 이제 결정적인 언급을 한번 해보려는 것이다. 끝까지 귀를 기울여 주시기를 바란다. 당신은 분명히 할 수 있는 사람이다.

목회는 자기관리이다

"그러므로 누구든지 이런 것에서 자기를 깨끗하게 하면 귀히 쓰는 그릇이 되어 거룩하고 주인의 쓰심에 합당하며 모든 선한 일에 예비함이 되리라"(딤전 2:21).

내공이라는 것은 자기 관리이다. 사람들은 내 내공을 전수 받기 위해서 오는 것이다. 내 내공은 아무 것도 없이 주님의 내공의 전수 비결책인 성경만 읽으라고 해서는 안 된다. 구체적으로 설득력 있게 말하며 정말 주님을 의지하게 하는 것이 바로 내공이다. 내공이 가득한 성경을 내공이 없이 가르치려면 안 되는 것이다.

자, 어떻게 내공을 쌓는가. 내 마음을 비우는 것이 바로 내공의 비결이다. 목회자는 엄격하게 자기를 관리해야 한다. 하루에 하는 기도시간을 늘리는 것이다. 하나님과 접속하는 시간이 적어서는 자기 관리가 안 된다. 하나님과 접속하는 시간을 늘려야 한다. 하나님과 접속 시간은 2.4시간이 기준이라고 할 수 있다. 접속하는 시간이 적으면 인간은 허물어 질 수밖에 없는 존재이다. 기도가 접속이다. 찬송이 접속이다. 성경읽기도 접속이다. 하나님과 접속하는 시간이 바로 내공을 향상하는 시간이다. 강도를 높이는 것이다.

재미있다. 어렵게 생각하지 말라. 멋있지 않는가. 하나님의 아들, 하나님과 접속을 한다? 기쁘지 않는가. 접속할 때마다 무겁게 생각하지 말라. 기대하라. 하나님으로부터 위대한 것을 기대하라. 이것이 [1]근대선교의 아버지 윌리암 케리의 말이 아니든가.

희망으로 가득 채우라. 미래에 대한 비전으로 심장을 가득 채우라. 정말 신나게 생각하라. 내가 하나님과 교신을 한다. 꼭 응답을 듣는 그런 교신이면 좋겠지만, 그렇지 않아도 나의 진솔한 이야기를 또박또박 말씀 드리는 재미-이것을 재미라고 생각하는 것이 능력이다. 아이큐 보다 훨씬 더 중요하다.

하나님을 크게 생각하라

"내 이름을 경외하는 너희에게는 의로운 해가 떠올라서 치료하는 광선을 발하리니 너희가 나가서 외양간에서 나온 송아지같이 뛰리라"(말 4:2).

---

[1] Expect great things. 이는 윌리암 케리의 중요한 캐치프레이즈였다.

하나님은 크신 분이시다. 하나님이 크시다는 것을 우리 기독교적 용어로는 위대하시다고 한다. 그렇지만 위대하다고 하는 용어를 사용하기를 꺼려한다. 이슬람 사람들이 위대하다는 말을 사용하기에 내가 그런 용어를 사용하기가 마음이 시원치 않다. 그러나 위대하다는 말이 더 신학적이고 적합하다.

그러나 나는 구태여 이 용어를 사용한다. 오히려 생소하게 느껴지는 말이기 때문이다. 이해하시라. 우리 기독교에서는 하나님을 크게 생각하는 것이 바로 실력이다. 하나님이라면 까무러치는 것이 실력이다. 나는 사실 다른 실력이 없었다. 공부도, 머리도 별로였다. 그리고 무슨 세상적인 달란트도 별로였다. 찬양을 잘하는 것도 아니고 말을 잘하는 것도 아니다. 정말이다. 오히려 나는 모자라는 자였기 때문에 그래도 부흥할 수 있었다 그래서 이 책을 쓰는 것이다. 내가 정말 똑똑한 자였다면 이런 책을 남기려고 하지 않았을 것이다.

다만 나는 한 가지 하나님이 주시는 은혜가 있었으니, 그것은 바로 하나님을 향한 경외감이었다. 목회자가 된다는 것, 목사로 인생을 산다는 것은 하나님을 향한 경외감으로 사는 것이다. 이것을 충분히 인정하라. 하늘이 두 쪽 나도 하나님은 크시다. 내 마음의 거짓이 나를 그렇게 만들어서 내가 그런 생각을 하더라고 그것은 내가 잘못이다. 하나님의 크심이 진리이다. 내가 하나님을 크게 생각하지 않는다고 하더라도 하나님은 위대하신 분이시다. 내가 하나님을 향한 두렵고 떨리는 마음이 없다면 얼마나 보잘 것 없는 자인가. 얼마나 가소로운 것인가. 너무나도 당연한 것을 하는 것이다.

머리가 안 좋아도, 외모가 별로라도 하나님을 경외하라. 내가 외모가 별로라고 어떤 여성 성도가 "목사님은 밀짚모자만 쓰면 농군입니다"라고 했다. 그러나 나는 실력이 있다. 하나님을 경외하는 실력 말이다. 하나님을 크게 생각하는 것이 나의 실력이다.

만약 하나님을 충분히 크게 생각하지 못한다면 어떻게 할까. 하나님을 경외하는 마음이 없다면 목회는 그만 두는 것이 좋을까. 그러나 그것도 기도하면 된다. 정말 회개해야 하는 건수이다. 이것만은 있어야 한다. 좋은 학교는 안 나왔더라도, 돈이 없더라도 하나님을 경외하는 마음은 있어야 그것이 능력이 되어 사람을 끄는 것이다. 그것을 배경으로 하고 말을 하는 것이다. 하나님을 경외하는 마음을 충분히 품고 걸음을 걷는 것이다. 그것이 내공이다.

그것이 없이 억지로 경건을 가장하면 큰일 난다. 건강이 상한다. 언제 어디든지 준비된 설교를 해야 하는데, 그것이 될 수가 없다. 하나님을 크게 생각하라. 하나님은 크시다. 내가 작다고 우긴다고 해서 되는 것이 아니다. 하나님이 크신데 그 크심을 인정하는 것, 그것이 바로 기독교의 실력인 것이다. 설교를 잘못해도 괜찮다. 좀 실수를 해도 괜찮다. 하나님을 크게 생각하라. 주객이 전도되면 뒤집힌다. 이것이 지옥이다. 큰 것을 크다고 말하고 실천하는 것이 바로 진실이다. 천국은 큰 것을 크다고 말하는 것에서 시작된다. 부흥은 큰 것을 크다고 충분히 인정하는 것으로 시작된다.

이 조항에 합격하였는가. 합격하지 못했다고 해서 너무 두려워할 것은 없다. 나도 처음에는 하나님이 크시다고 그냥 알다가 점점 다른 사람보다 조금 더 알게 된 사람에 불과하다. 지금부터 하나님의 크심을 배우라. 경험하라.

이렇게 말하면 사람들은 다 안다고 한다. 맞다. 알고 있을 것이다. 그러나 머리로 알고 있는 것으로 부족하다. 처절하게 알아야 한다. 마음으로, 심장으로 알아야 한다. 하나님이 크시다는 사실을 말이다. 얼마나 강하게 아느냐가 중요하다. 하나님이 크시다는 사실이 우리의 심장에 들어가야 한다. 그 지식이 피를 타고 온 몸에 흘러야 한다. 걸음걸이에도 나타나야 내공이다. 말하는 투에도 나타나야 한다. 피부색에도 나타나야 한다. 그래야 내공이다. 그래야 다른 사람들이 당신을 따를 것이다.

눈을 하나님의 크심으로 가득 채워야 한다. 바로 당신의 그 모습을 하나님은 보기를 원한다. 바로 우리의 그런 모습을 사람들은 찾고 있다. 하나님을 경외하는 정신으로 가득한 우리의 모습을 보기를 원하는 것이다.

충성이 내공을 강하게 한다

"그 주인이 이르되 잘 하였도다 착하고 충성된 종아 네가 작은 일에 충성하였으매 내가 많은 것으로 네게 맡기리니 네 주인의 즐거움에 참예할찌어다"(마 25:23)

충성이라는 것은 최선을 다하는 마음이라고 생각한다. 내가 하나님을 향한 경외심이 있다면 무슨 일이든지 최선을 다하는 것이다. 기도가 잘 안 되어도 충성스럽게 기도하자. 설교를 잘하지 못해도 충성스럽게 하자. 무엇을 하든지 진실로 하자. 사람도 사람의 중심을 본다. 내가 충성하지 않는다면 누가 충성할 것인가. 아무도 충성하지 않을 것이다.

시골에서 교회 성도가 18명이었을 때 나는 그 분들을 충성스럽게 섬겼다. 잘 하지는 못하지만 최선을 다했다. 무지 열심히 하였다. 교회를 떠나는 성도들이 없었다. 나보고 아무도 잘 생겼다는 사람도 없고, 설교를 잘한다는 사람도 없었다. 그러나 이상한 것은 아무도 나가는 사람이 없었다. 왜 나갈 수 없었을까. 왜 그들은 30분간의 차를 타고 시골 교회로 들어왔을까.

물론 하나님이 보내 주셨기 때문이다. 그런데 지금 생각하여 보면 잘하지 못하지만 너무 충성스럽게 하는 나를 두고 가면 벌을 받을 것 같았을 것이라고 생각하여 본다. 사람은 사람을 볼 수 있는 능력이 완전하지 않지만 어느 정도 있다. 세상 사람들이 다 학벌을 좋아하는 것이 아니다. 학벌로 주눅 들지 말라. 실력을 좋아하는 것이 아니다. 세속적인 실력으로 주눅 들지 말라. 자기들도 그것이 부족하기 때문에 그것으로 인하여 도망가지는 않는다.

개척교회를 하면 사람들은 한번 와본다. 그 때 사람들은 목사의 열정을 본다. 충성심을 본다. 충성스러운 목회자를 선택하고, 그 교회를 선택하고 그 교회에서 충성스러운 목사를 한번 섬겨보고 싶은 것이다. 열정에 한번 반해보고 싶은 것이다. 요즈음 같은 세상 더욱 더 그러하다. 온갖 지식이 난무하고 학위도 흔한 세상에서 충성스런 목회자를 찾을 수 없을까. 교인이 아무도 없어도 혼자서 새벽기도 하면서 울고 있는 그런 목회자를 얼마나 많은 교인들은 찾고 있는지 아는가. 떠돌이 교인들이 울면서, 애타면서, 눈이 시뻘게서 찾고 있다.

하나님을 향하여, 성도들을 향하여 충성스런 목회자를 찾고 있다. 그 욕구도 충족시켜 주지 못하면 교회가 어떻게 성장 할 수 있겠는가. 자, 어떤가? 여기까지만 갖추어도 목회는 될 것 같지 않는가. 아니 갖추려고 노력만 해도 목회가 될 것 같지 않는가. 충성과 열정은 끄는 힘이 있다. 충성과 열정은 정상적인 것이다. 그리스도가 밝히 계시거늘 어찌 우리가 충성하지 않겠는가. 거기에 힘을 부어주시는 하나님을 찬양하지 않을 수 없다.

못나도 충성스러우면 역사하신다. 실력이 없어도 충성스러우면 능력을 주신다. 얼굴이 못나도 하나님은 당신의 크기에 대하여 성실하고 진실하며 충성스러운 목회를 찾고 계시다. 눈물을 흘리면서 찾고 계시다. 내가 바로 그 사람이 되는 것이다. 이것이 인생의 멋이다. 결심하셨는가. 충성하기로 말이다. 그러면 나는 갑자기 멋있는 사람이 된 것이다. 100명 된다. 이루어 진 것과 진배없다.

십자가 신앙은 반드시 내공을 강하게 한다

"율법을 좇아 거의 모든 물건이 피로써 정결케 되나니 피 흘림이 없은즉 사함이 없느니라"(히 9:22).

갈등은 내공을 상실하게 한다. 십자가 신앙은 내공을 급상승하게 한다. 예수가 나를 위하여 십자가에 죽으셨다는 사실 하나로 수없는 신앙인들이 내공을 쌓았다. 십자가가 없으면 죄 사함은 없다. 십자가가 없으면 부활이 없다. 십자가가 없으면 죄 사함이 없음으로 천국도 못 간다.

십자가는 위력이 있다. 잊지 말라. 김형제 목사는 머리도 좋지 않다. 시골출신이어서 열등감은 무지 많다. 얼굴도 별로고, 학벌도 자랑할 것이 없다. 신학교 점수도 좋지 않았다. 그러나 나는 신학교에 다니면서 하나 확인한 것이 있다. 그것은 십자가이다. 하나님의 아들이 우리를 위하여 십자가에 죽으신 것, 이것이 없으면 예수님은 성인 중에 하나일 뿐이다.

그러나 이것이 진실이라면 나는 반드시 예수에게 미쳐야 한다. 그렇지 않으면 인간 같지 않은 사람이라고 생각하였다. 나는 하나님께 기도하였다. "주님, 나를 위하여 십자가에 죽으신 것이 맞습니까? 나는 그것이 온전히 믿어지지 않습니다." 간절히 기도하였다. 나는 내 생각이 진리가 아닌 것을 알았다. 매번 내 생각이 틀린 적이 많았다. 내가 어떻게 나를 믿고 살아갈 수 있을지 한심하기도 하였다. 그래서 나는 십자가가 진리라는 것을 믿기로 작정한 것이다.

나는 내 맘에 십자가를 움직이지 않기로 하였다. 그리고 회개하기 시작했다. 내가 믿지 않는 것이 얼마나 주님의 마음을 아프게 하는지를 회개한 것이다. 그러나 그렇게 쉽지 않았다. 그럼에도 불구하고 마음의 요동을 잡기위해 믿고 기도하고 또 기도하였다. 내 인생의 내공은 이때 쌓여졌다. 내공의 근원을 마련한 것이다. 쌓아도, 쌓아도, 쌓이지 않는 나의 마음의 뚫어진 전대가 이제 방수가 된 것이다. 나는 십자가가 믿어지고, 십자가가 내 안에 힘이 되기 시작하였다. 그것이 나의 내공이 된 것이다.

내 신앙생활의 전기는 십자가로 마련되었다. 신학적으로도 십자가는 너무나도 중요하다. 고린도 전서 2장 2절에 "주 예수 그리스도와 그의 십자가에 죽으신 것 외에는 아무것도 생각하지 않기로 작정하였노라"라고 하지 않았던가. 나는 십자가에 대한 찬송은 모두 불렀다. "거친 세상에서 실패하거든 그 손 못자국 만져라"라고 찬송을 할 때 나는 주님의 십자가를 생각하고 통곡하고 통곡하였다. 아무도 내가 십자가의 찬송을 부를 때에 나를 따를 수가 없었다. 음치 비슷한 음성과 음치가 은혜를 받으면 못 말리는 그런 세속적으로는 무리하고 엉터리 같은 처절한 강함으로 찬송하였다. 성벽을 뚫고 내 머리를 처박고 싶은 마음이 내 마음에서 용솟음 치고 있었다.

십자가에 대한 책은 모조리 읽었다. 엄두섭 목사가 지은 십자가 영성에 대한 책은 모조리 읽었다. 십자가에 대한 감격으로 내 마음은 가득하였다. 주를 위하여 죽고 싶었다. 얼굴이 까무잡잡해서 아프리카 선교사로 나가면 잘 몰라볼 것 같아 "아프리카로 가라면 가겠습니다"라고 기도하였다. 나는 십자가를 믿고, 십자가가 내 마음에 자리 잡고 난 다음에는 달라지기 시작하였다. 누가 날 보고 무시해도 겁나지 않았고 나의 얼굴이 두꺼워졌다. 내 마음에는 힘이 생기기 시작하였다.

십자가를 나의 것으로 만들었다. 완전히 만든 것은 아니었다. 그러나 자유가 있었고 발전 도상에 있었다. 그리고 무엇보다 일이 풀리기 시작하였다. 정말 놀라운 일이 생기기 시작하였다. 내가 하는 일이 무엇보다 우선적으로 일이 풀리는 것이었다. 집을 내 놓으면 팔리게 되고, 집이 없으면 하나님이 집을 기적같이 주셨다. 십자가로 인하여 나는 형통의 사람이 된 것이다.

한편으로 나는 붕 뜬 사람이 되었다. 일이 풀리지 않아서 좌절하였던 적이 너무 많았는데 이제 형통의 사람이 된 것이다. 나는 십자가로 달라졌다. 분명하게 달라졌다. 나는 지금도 믿는다. 십자가에 승부를 걸면 된다고 믿는다.

성품이 목회와 너무 맞지 않은 나도 십자가에 미치니까 되더라고 전하고 싶다. 이것은 기본이고, 이것의 결과가 분명하다. 십자가에 미치니까 몸도 뜨거웠다. 마음도 뜨거웠다. 나는 뭔가 내 몸 안에 능력이 들어온 것 같이 느껴졌다. 그래서 나는 이렇게 말할 수 있게 되었다. "I feel the power in me."

나는 권유하고 싶다. 이것은 너무 필수적인 자세요. 가장 필수적인 마음이 아닌가 말이다. 누구든지 할 수 있고, 할 수 있어야 하는 것 아닌가 말이다. 그래서 나는 이렇게 글을 쓰고 있는 것이다.

십자가와 진실이 합하면 엄청난 내공을 이룬다. 십자가는 사실이다. 내 생각으로 그 사건을 판단하려고 하지 말라. 그러면 안 된다. 십자가를 내가 판단하면 나의 영은 죽는다. 십자가를 내가 판단하면 믿음은 자라지 않는다. 십자가를 내가 판단하면 그것은 선하지 못하다. 하나님의 아들이 나를 사랑하여 십자가에 죽으셨다. 이것은 움직일 수 없는 사실이다. 그것을 움직일 수 없는 사실, 움직이지 않는 fact로 두라. 손을 부르르 떨어야 한다. 그래야 진실을 이룬 것이다.

그분의 몸이 찢길 때에 나의 사고의 기둥도 무너져야 한다. 나의 생각의 패턴도 무너져야 한다. 그의 피가 나의 심장에 흐를 때 나의 습관도 무너져야 한다. 주님의 보혈이 흐르는데 변화하여야 한다. 인생의 목적이 달라져야 한다. 인생의 목표가 달라져야 하는 것이다. 십자가 앞에서 우리는 진실해야 한다. 아무 것에나 성실하면 안 된다. 십자가에 대하여 성실하여야 한다. 그러면 삶의 저주가 끊기고 축복이 흐르는 것이다.

십자가에 내가 성실하면 내 인생은 60% 이상 성공이다. 십자가에 대한 나의 믿음이 나의 사고의 기준이다. 십자가에 대한 믿음이 모든 사고의 기초이다. 여기에 나는 모든 건물을 다 지을 수 있는 것이다. 목회의 길에 들어섰는가. 왜 하필이면 목회냐가 아니다. 잘 오셨다. 이 책을 잘 구입하셨다. 정독하시라. 십자가의 길을 배우시라. 목회는 즐거운 것이다. 목회는 쉬운 것이다. 재미있는 것이다. 나는 행복하다. 많은 복을 받았기 때문이다.

죽음을 두려워하지 말라

"나의 달려갈 길과 주 예수께 받은 사명 곧 하나님의 은혜의 복음 증거하는 일을 마치려 함에는 나의 생명을 조금도 귀한 것으로 여기지 아니하노라"(행 20:24).

내공은 생사관에 있다. 나는 어릴 때 유진산이라는 충청도 국회의원의 연설을 들어본 적이 있다. 그는 당시 '사꾸라'라는 별명을 가지고 있었다. 사꾸라 같이 금방 꽃이 피고 사라지는 그런 사람이라고 칭함을 받은 것이었다. 그러나 그는 자기 지분이 확실한 야당당수였다. 그에게도 뭔가가 있었다. 그의 라디오 연설은 내 마음을 흔들어 놓았다. 그 흔들어 놓는 힘은 무엇인가. 그 힘은 생사관이었다. 그는 무엇을 위하여 살고, 무엇을 위하여 죽을 것인가를 분명히 하고 있는 분이었다. 그래서 그가 사람을 모을 수가 있는 것이었다.

곽선희 목사님과 둘이서 이야기를 할 기회가 있었다. 나는 목사님에게 "목사님은 조용히 강의하시지만 수업시간에 자려고 해도 잠을 잘 수가 없었습니다. 저는 강의 시간 때 간이 나빠서 주로 엎드려 있었습니다. 그러나 목사님의 시간이 되면 엎드려 있을 수가 없었습니다. 목사님에게 잠을 깨우는 능력이 있습니다. 도대체 그 비결이 무엇입니까?"라고 질문하였다.

곽 목사님은 "내가 죽다가 살아난 경험을 여섯 번이나 했기 때문이다"라고 하셨다. 그는 생사관이 분명한 분이었다. 삶과 죽음이 분명한 생사관이 늘 그의 설교와 인격 속에서 꿈틀 거리고 있다. 유머를 해도, 일상의 삶을 이야기해도, 때론 야한 이야기를 해도 그 안에는 잊을 수 없는 넘치는 생명의 내공이 내재하여 있다. 그것이 중요하다. 신자는 생사관이 분명한 사람이 아니던가! 더구나 목사는 생사관이 아주 분명한 사람이 아닌가!

생사관이 아주 분명한 사람이 목사다. 목사는 목을 내놓은 사람이다. 그렇다. 결정적인 순간이 되면 목숨을 초개와 같이 던질 준비가 항상 되어 있는 사람이기 때문에 말하는 바가 분명한 사람이 되어야 하는 것이다. 이것이 내공이다.

나는 젊은 시절, 직업상 죽음과 항상 대치한 삶을 살았다. 죽고 산다는 것이 언제든지 일어 날 수 있다는 생각을 항상 젊은 나이에도 생각하고 있었던 것이다. 나의 얼굴과 눈동자와 피부에는 죽음과 삶의 기운이 흐르고 있었다. 나의 걸음걸이에는 죽음의 정신이 있었다.

사람들은 누구를 따르겠는가? 안이한 사람을 따르지 않는다. 자기 자신의 안위를 걱정하고 자기 유익이나 생각하는 사람을 따르지 않는다. 이미 거기는 패배가 있다. 리더쉽은 이미 무너진 것이다. 내공은 거기에 없는 것이다. 거기에 호소력은 이미 없다. 죽음의 정신을 가진 사람과 그렇지 않는 사람은 천양지의 차가 있다.

목사 안수를 받기 전이었다. 나는 새벽마다 본받으려고 새벽기도회를 잘한다는 교회를 찾아다니면서 기도하였다. 한 번은 분당 한얼산 기도원 원장이 목회하고 있는 교회에서 새벽마다 기도하였다. 내가 기도할 때 그 전도사님(지금은 원장 목사님)이 나를 불렀다. 무엇하는 분이시냐고 물었다. 나는 목사 안수를 앞두고 있는 후보생이라고 말해주었다. 내 대답을 듣고 그는 내 기도가 왜 다른 사람의 기도와 다른지 이

제 이해가 간다고 했다.

나는 그 때 "하나님, 살려고 하는 목사가 되지 말고 죽으려는 목사가 되게 해 주시옵소서"라고 날마다 안수를 준비하면서 기도하였다. 찬양실력도, 세속적 지식도, 별다른 실력도 갖추지 못하였지만 하나님은 놀랍게 나를 발전시켜 주었다.

죽음의 정신을 가졌더니 나를 날마다 발전시켜 주셨던 것이다. 목사다운 목사로, 지혜와 지식을 갖춘 목사로 조금씩 만들어주시고, 영적인 능력도 주시고 사람도 붙여주시고 배우게 하셨다. 아직 부족하지만 말이다.

나는 지금 목회의 비밀을 말하고 있다. 다 실천을 못해도 그렇게 기도하고 사모하고 실천하려고 해보라. 우연은 없다. 반드시 된다. 우연히 이루어진 것이 아니다. 우연한 것 같지만 우연하지 않는 것이 세상이다.

주님이 십자가에 죽으셨는데 어떻게 살 생각만 하는가. 그것은 온당치 못한 것이다. 그것은 성실하지 못한 생각이다. 역사에는 수많은 인물들이 있다. 그 수많은 인물 중에 믿지 않는 사람이지만 많은 사람에게 감동을 주고 따르게 하는 힘이 있었던 분들은 한 가지 공통점이 있었다. 구차하게 생명을 구하지 않았다는 것이다. 생사관이 뚜렷하였던 것이다.

한 가지 중요한 것이 있다. 죽음을 각오하고 하면 그렇게 좋을 수가 없다는 것이다. 자유하다. 행복하다. 기쁨이 있다. 그리고 많은 것이 보인다. 운신의 폭이 넓어진다. 그리고 내적인 힘이 생긴다. 한번 해보라. 너무 재미있다. 쉽게 안 되지만 흉내를 내어보라. 흉내 내면 닮게 된다.

그리고 힘이 생기기 시작한다. 나도 흉내 내는 사람이었다. 그래서 드디어 다른 사람들이 행동하는 것이 좀 시시해보이기도 한다.

목회는 어렵지 않다. 소경이 소경을 인도하니 어렵다. 내공이 없이 목회를 하니 어렵다. 이렇게 말하니 잘난 척 좀 했나 싶다. 완전히 그렇게 한 것이 아니다. 좀 그런 경향이었다 싶다. 완전히 그렇게 하지 않아도 그렇게 하려고 노력하면 반드시 결과가 있을 것이다.

하나님이 주신 은혜 속에서 주먹을 부르르 쥐어보라. 주가 주신 이 생명 주 뜻대로 산다는 것이 좋지 않는가. 은혜라고 하면 '나에게는 은혜가 없나 보다'라는 생각도 있을 수 있다. 그렇지 않다. 흉내와 모방 가운데 성령의 역사하심이 바로 이 주제이다. 당신도 할 수 있다. 반드시 할 수 있다.

소리 가운데 내공이 있다

"예레미야가 아직 시위대 뜰에 갇혀 있을 때에 여호와의 말씀이 그에게 두 번째로 임하니라 이르시되 일을 행하시는 여호와, 그것을 만들며 성취하시는 여호와, 그의 이름을 여호와라 하는 이가 이와 같이 이르시도다 너는 내게 부르짖으라 내가 네게 응답하겠고 네가 알지 못하는 크고 은밀한 일을 네게 보이리라"(렘 33:1-3).

나는 이 성경 말씀을 읽으면서 이렇게 해석하여 본다. "예레미야가 내공이 약해서 아직 시위대 뜰에 갇혔을 때에 여호와의 말씀이 그에게 두 번째로 임하니라. 부흥을 행하시는 여호와, 부흥을 만들며 성취하시는 여호와, 그의 이름을 여호와라 하는 이가 이와 같이 이르시도다. 너는 내게 처절하게 소리를 내라. 네게 부흥으로 응답하겠고 네가 알지 못하는 큰 내공을 이루어 은밀한 일을 네게 보이리라."

어떤가? 맞지 않는가? 부르짖음을 무리한 기도로만 생각하지 말라. 내공이 없는 사람은 소리를 내지 못한다. 쇼크 먹은 사람은 소리를 내지 못한다. 소리를 내지 못하는 사람은 영적으로 약하다. 소리를 내지 못하는 사람은 부흥 할 수 없다. 소리를 내면 내공은 강해진다.왜 소리를 내지 못하는가. 우선 사자같이 부르짖어보라. 부흥하지 못하고 평생을 보낸다면 우리는 깔봄을 당해야 하는 것이다. 핑계하지 말자. 소리를 내어 부르짖어 보라. 소리가 나는가. 소리가 나되 크게 소리를 내어 보라.

목으로서만 소리를 내어 보라. 그 다음 배로서 소리를 내어 보라. 깊은 곳에 있는 모든 아픔과 상처를 내어 버린다는 마음으로 소리 내어 부르짖어보라. 이대로 당할 수 없다. 나도 사자가 되어야 한다. 나는 토끼로 지낼 수 없다. 나는 사자로서 살고 싶다.

내 안에는 무한한 가능성이 있다. 흔히 하는 말이라고 하지 말라. 나는 말을 위한 말은 하고 싶지 않다. 지금 이 글을 쓰면서 미소를 짓고 있다. 당신의 무한한 가능성에 대한 그 실질가치에 대하여 말이다. 나는 나보다 못난 사람을 별로 본적이 없다. 나 같은 사람도 되는데 당신 같은 사람은 반드시 된다는 확신을 가지고 이 글을 쓰고 있다. 소리에 내공이 있다. 모든 열등감을 다 솟아내라.

"주여, 하나님께서 잘 만드셨는데 내가 사탄이 주는 열등감을 갖고 있나이다. 이 시간 버리기를 원하나이다. 주여!"라고 길게 깊이 부르짖어보라.

분명한 소리를 내라. 발음이 정확한 소리를 내라. 때로 크게, 때로 작지만 야무지게 부르짖으라. 하나님은 응답하실 것이다. 수없이 부르짖어 기도하는 가운데 우리의 내공은 깊어진다. 강해진다. 이렇게 하려고 해보라. 사람은 몰려 올 것이다. 이 성경을 보겠는가.

"여호와께서 이와 같이 말씀하시니라 너희가 가리켜 말하기를 황폐하여 사람도 없고 짐승도 없다 하던 여기 곧 황폐하여 사람도 없고 주민도 없고 짐승도 없던 유다 성읍들과 예루살렘 거리에서 즐거워하는 소리, 기뻐하는 소리, 신랑의 소리, 신부의 소리와 및 만군의 여호와께 감사하라, 여호와는 선하시니 그 인자하심이 영원하다 하는 소리와 여호와의 성전에 감사제를 드리는 자들의 소리가 다시 들리리니 이는 내가 이 땅의 포로를 돌려보내어 지난날처럼 되게 할 것임이라 여호와의 말씀이니라"(렘 33:10-11).

내공이 생기게 하는 말씀

"예수께서 이르시되 네 마음을 다하고 목숨을 다하고 뜻을 다하여 주 너의 하나님을 사랑하라 하셨으니 이것이 크고 첫째 되는 계명이요 둘째도 그와 같으니 네 이웃을 네 자신 같이 사랑하라 하셨으니 이 두 계명이 온 율법과 선지자의 강령이니라"(마 22:37-40).

내공이 있는지 없는지, 이 성경을 읽어보면 안다. "마음을 다하라. 목숨을 다하라"는 말씀을 읽을 때에 마음이 시원하면, 당신은 이미 내공이 생긴 것이다. 만약 '꼭 목숨을 다하여 믿어야 해?'라는 마음이 들면 당신은 신앙적 내공이 없다. 목숨을 다한다는 말을 들으면 신나야 하는 것이다. 그리고 이웃을 내 몸과 같이 사랑한다는 말이 이해가 되어야 한다. 성도를 사랑하는 것이 얼마나 즐거운지가 이해가 되지 않으면 그것은 내공이 없는 것이고 이것은 하나님을 목숨을 걸고 사랑하지 않는 것이다.

날마다 나는 이 말씀을 읽는다. 나는 날마다 이 말씀으로 기도한다. 내공이 생기도록 하기 위하여 이 말씀을 붙잡고 기도한다. 그 말씀에 합하는 진정성이 있는지를 점검한다. 하나님이 나를 사랑하신다고 하는데, 다 믿지는 못하더라도 내 목숨을 바치는 것은 합당하지 않을까. 당신에게 내공의 말씀을 선물로 제공한다. 정말 이 말씀을 붙잡으라. 이 성경은 성경을 모두 다 요약한 말씀이라고 하셨다.

과 제
t a s k

1. 자기 내공 점수를 스스로 매겨본다. 그 근거를 말하고 대책을 간구한다.

2. 한국교회의 유명 목회자 5명의 예를 들고 그 내공을 평가해보라.

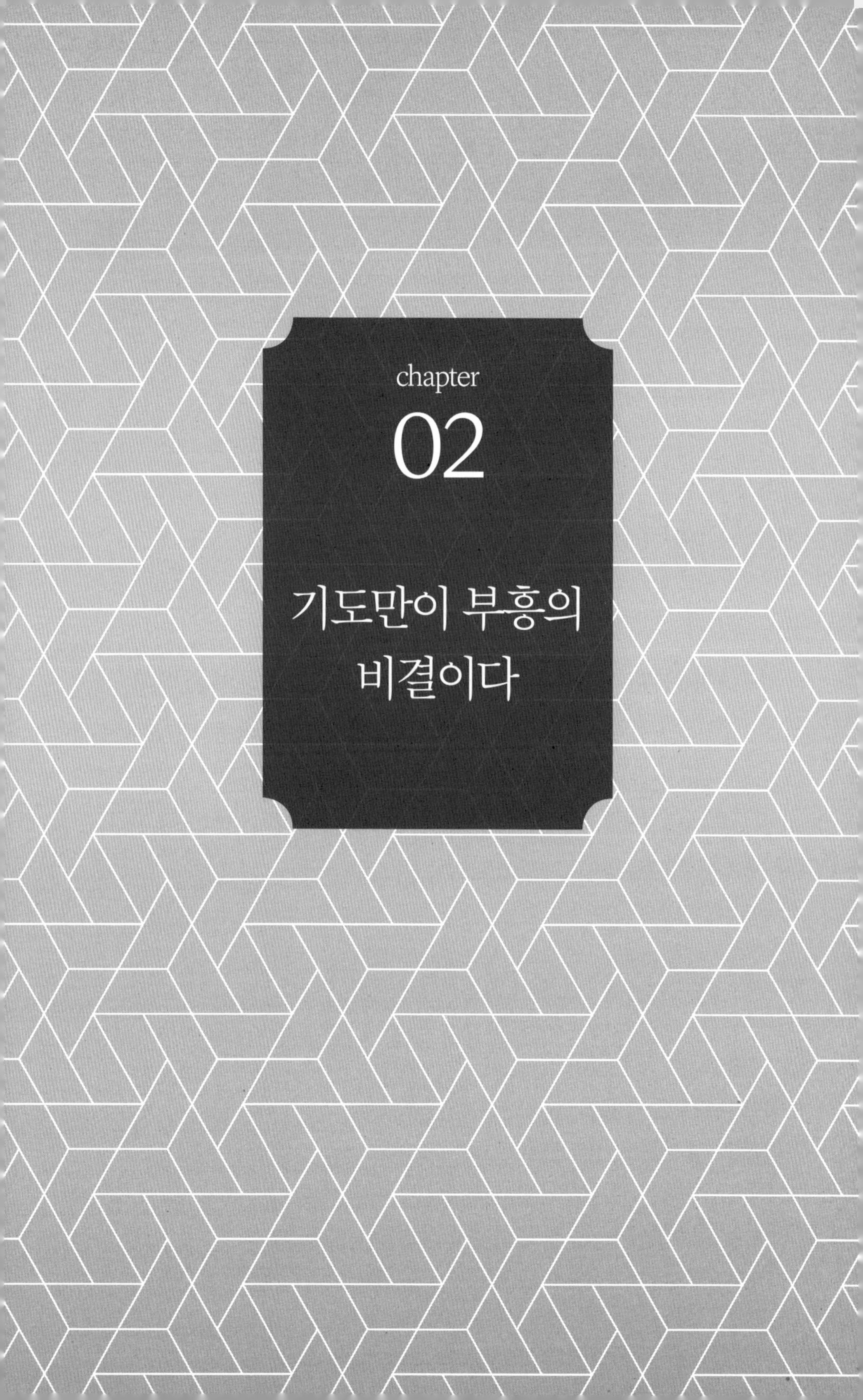

chapter
02

기도만이 부흥의
비결이다

"여호와께서 이와 같이 말씀하시니라 너희가 가리켜 말하기를 황폐하여 사람도 없고 짐승도 없다 하던 여기 곧 황폐하여 사람도 없고 주민도 없고 짐승도 없던 유다 성읍들과 예루살렘 거리에서 즐거워하는 소리, 기뻐하는 소리, 신랑의 소리, 신부의 소리와 및 만군의 여호와께 감사하라 여호와는 선하시니 그 인자하심이 영원하다 하는 소리와 여호와의 성전에 감사제를 드리는 자들의 소리가 다시 들리리니 이는 내가 이 땅의 포로를 돌려보내어 지난 날처럼 되게 할 것임이라 여호와의 말씀이니라"(렘 33:10-11).

나는 사실 성경에 약했다고 고백할 수밖에 없었다. 성경에 약하였다는 말은 성경으로 은혜를 많이 받지 못하였다는 말이다. 부끄러운 고백이다. 그러나 기도할 때는 성경이 이해되었다. 은혜를 받았다. 그렇다고 해서 성경 전체에서 다 은혜를 받았다는 말은 아니다. 그러나 기도에 매진하고 보니 성경은 조금씩 나에게 다가왔다. 성경이 내게 재미있게 다가온 것은 사실 세월이 많이 흐른 뒤였다.

나는 성경이 중요하지만 기도하고 성경을 읽어야 한다고 주장한다. 성경은 성령의 영감이 서려있는 말씀이다. 그래서 성경은 기도로 성령의 역사 아래서 읽어야 한다고 주장한다. 나의 주장은 문제가 사실 많다. 나는 문제가 참 많은 사람이다. 성령의 역사가 기본적으로 흐르지 못하는 사람이라는 것을 인정하는 셈이 된다. 성경에도 능하지 못한 자라는 사실을 인정하는 부끄러운 말이다. 그렇다. 나는 기도하지 않으면 답답하여 견딜 수 없는 사람에 불과한 목회자인 것이다. "말씀을 전하지 않으면 내 중심이 불붙은 것 같아서 견딜 수 없나이다"라고 해야 하는데 그런 것이 아니라 기도하지 않으면 답답해서 견딜 수 없는 문제가 많은 목사였던 것이다. 그래도 기도의 자리를 찾아서 기도하려고 노력하였다.

정말 기도하는 사람인가? 정말 기도하는 사람의 전례를 따랐는가? 이 질문에 온전히 대답할 수 없다. 나는 그저 흉내 내었던 사람에 불과하다. 그러나 너무 부끄러운 가운데 자랑하고 싶은 것은, 주님이 나의 부족한 기도를 들어주셨다는 것이다. 기도하려고 애쓰긴 했지만 그것은 결국 하나님의 은혜였다고 고백할 수밖에 없다.

나는 기도도 쉽게 되지 않는 사람이었다. 성경도 안 되는 사람이었다. 찬송도 잘 못하는 사람이었다. 그래서 이 글을 쓰게 되었다. 나 같은 사람도 된다는 이야기를 해주고 싶은 것이다. 나 같은 사람이 되니 당신도 되는 것이다.

기도문이 열리지 않아서 기도할 수 없어도, 나에게 기도의 도전을 주는 자를 좋아하였다. 나를 위해 기도해 주는 자를 정하고 그분을 위하여 내가 도움을 줄 수 있는 데로 도와주면서 기도 동역자를 소중히 여겼다.

기도가 잘 되지 않지만 나는 기도로 승부해야 한다고 분명히 생각하였다. 성경으로 승부를 하려면 시간이 필요하였다. 지금도 그 생각만은 분명하다. 성경을 통과하여야 한다. 그러나 성경에 능하고 설교를 잘하려고 하면 10년은 걸릴 것으로 각오해야 한다고 생각한다. 성경으로 승부를 걸려고 하지 말고 "기도하면서 성경"이라고 슬로건(slogan)을 바꾸었으면 좋겠다.

기도하면 바로 은혜를 주신다. 성경을 읽고 듣고 설교 할 수 있다. 다른 목사의 설교를 듣고 그대로 신나게 그런 마음으로 설교 할 수 있다. 심방을 가도 할 말이 있다. 조금만 기도하지 않으면 마음속에서 진흙물이 흐르는데 그것이 저절로 감쪽같이 감추어지는 것이다. 일을 하면서도 위장된 느낌이 안들 수 있다. 행복할 수 있는 것이다.

금식하고 기도하라

"나의 기뻐하는 금식은 흉악의 결박을 풀어 주며 멍에의 줄을 끌러 주며 압제당하는 자를 자유케 하며 모든 멍에를 꺾는 것이 아니겠느냐"(사 58:6).

금식은 모자라는 영적 내공을 보충하는 최고의 방법이다. 금식은 흉악한 결박을 풀어주는 것이라고 성경은 말하고 있다. 나같이 근본적으로 성격상 영성이 부족하고, 대대로 불교 또는 유교적 집안으로 영적인 가문도 안 좋고, 별로 갖춘 것도 없는 사람이 목회를 할 때는 금식은 최고의 수단이다.

그런데 사람이 어찌 먹고 싶은 음식을 먹지 않을 수 있겠나! 그럼에도 너무 답답하면 금식을 할 수 있다. 꿈이 커야 금식 할 수 있다. 꿈이 적으면 금식 할 필요가 있겠는가? 그러나 생각해 보라. 백 명의 영혼도 간단하지 않다. 그 영혼을 책임지려면 금식 하지 않고 어떻게 목회하겠는가?

금식이 힘들다고 너무 생각하지 말라. 우리 주님도 금식하지 않았던가! 금식하지 않고 교회가 부흥한 사례가 있었나? 나는 모든 것이 모자라서 금식하였다. 그리고 답답해서 금식하였다.

나는 내가 보기에도 불쌍한 교역자였다. 신학교에 다니면서 아무도 나를 교역자 같이 생겼다고 말하지 않았다. 나를 아무도 교육전도사로 오라는 사람도 없고 소개하는 사람도 없었다. 답답하기 이를 데가 없었다.

금식하는 것이 쉽지 않았다. 지금도 금식하는 것이 한편으로는 싫다. 그러나 금식의 효과는 대단하였다. 아마도 하나님이 보시기에 내가 그래도 좀 순수하고 투자를 하면 괜찮을 만한 진실이 있다고 여겨 주셨나 보다.

그런데 나는 실질적으로 고쳐야 할 부분이 많았다. 그래서 금식하면 연약한 부분을 고쳐서 하나님이 나를 쓰시려고 한 것 같다. 금식만 하면 결과는 항상 구체적으로 좋았다. 금식을 하면 안 팔리던 집이 팔렸고, 교회에 돈이 없어 금식하면 돈을 주셨다.

지금도 금식하면 하나님이 나의 기도를 들어주신다. 내가 무엇인데 금식한다고 내 기도를 들어주시는가 생각하면 지금도 눈물만 흐른다. 그런데 금식을 하면 그렇게 배가 고픈데 한편으로는 기쁨이 있다는 것이다.

배가 고프다는 것은 한편으로는 고통이지만 금식은 기쁨이었다. 금식하고 나면 그 문제도 해결되고 또 다른 문제도 해결되어, 누르고 흔들어 넘치도록 채워주신다는 말이 이해가 되었다. "아하, 아하"하고 몇 번이나 금식 후에 문제해결로 말미암아 탄성을 질렀다. 나처럼 기가 막히는 은혜와 결과가 모든 사람에게 있다고 믿는다.

사람과 하나님 사이에 기도는 빨리 응답 되어야 한다. 그것이 더디 이루어지면 지친다. 그리고 하나님이 하셔도 하나님이 하셨다고 인정하지 않고 나중에 이루어진 것은 크게 이루어져도 하나님이 날 괴롭혔다고 생각하게 된다.

응답이 그렇게 더디 이루어지는 것이 하나님의 뜻일까? 대부분이 그러하다고 인정하게 될 것이다. 그러나 반드시 그렇지 않다고 생각한다. 우리가 십자가의 보혈로 죄의 막을 뚫으면 빨리 이루어진다. 회개하며 금식하면 빨리 이루어진다.

세상일을 이루어달라고 기도하지 않는가? 세상일은 기도하고 바로 해야 한다는 원리가 있다. 기도하고 회개해야 한다. 그리고 실천해야 한다. 그래야 이루어지는 것이다. 이것이 신앙과 역사의 법칙이다. 나중에 이 부분을 충분히 설명할 것이다.

나는 43살에 천성교회에 부임하였다. 지금도 부목사님들이 잘못하면 "아이고 뭐 저래"라고 하지만 나는 사실 그들만도 못하였다. 지금도 기도하면 하나님이 "너는 저들보다 못하였다"라고 하신다. 동의할 수밖에 없다. 설교도 우리 부목사만큼 못하였고 지식도 부족하였다.

20년 전 천성교회에 부임할 때처럼 내 이력서를 천성교회에 지금 제출하면 교역자 청빙에서 나는 떨어진다. 물론 지금은 나이가 들었기 때문에 천성교회에 부목사가 되기 위해서 이력서를 내면 떨어질 것이다. 그뿐만 아니다. 그 때의 나와 지금의 부목사님과 비교하면 안 되는 일이지만 한 가지 나는 다른 것이 있었다.

나는 이렇게는 살 수 없다는 것이다. 이렇게는 목회 못한다는 것이다. 나는 84가구가 사는 시골 마을에 부임하여 목회하는 것에 대하여 억울해 하였다.

이렇게 말하는 나를 용서하시라. '내 인생을 이렇게 마쳐야 하나. 내 인생 이렇게 죽어야 하나'라는 생각이 들 때마다 나는 그럴 수 없다고 고통스럽게 울었다.

나를 천성교회에 소개한 OOO 선교사는 "출세하려고 목회하는가?"라고 대판으로 나를 힐난하였다. 그 말은 맞다. 그렇지만 나는 울었다. 바다에서 대형선 선장으로 하나님이 나를 젊고 젊은 나이에 높여주셨는데 추락(?)하여 농촌 시골 할머니들을 모시게 된 것이었다.

나는 울고 또 울었다. 그리고 금식하였다. 억울해하는 나의 부정적인 에너지를 통제하고 부정적인 에너지를 긍정적 에너지로 바꾸기 위해 금식하였다.

정말 나는 목회하기에 부적합한 목사였다. 그래서 금식으로 나를 다스려야 했다. 나는 일주일에 3일을 금식하였다. 그리고 3일을 보호식을 하고 하루 정상적인 식사하기를 일 년 가까이 했다.

정말 고통스러웠다. 하지만 너무 배가 고프고 힘이 없어 주일에 겨우 강대상을 집고 일어나면 놀라운 일이 일어났다. 새로운 교인들이 온 것이다. 어떤 때는 한 주일에 두 명이 등록을 하고 어떤 주일에는 한 명이 등록해서 교회는 역동적으로 움직이기 시작한 것이다.

나는 계속 금식을 하였다. 금식이 재미가 있었다. 교회는 몇 달이 안 되어 곱절 이상으로 부흥하였다. 2월에 부임하였는데 7월에 교회는 46명으로 부흥되었다. 대 부흥인 것이다. 가을 노회에 교인수를 일부러 조금씩 낮추어 보고하였다. 노회는 놀랐다. 시찰장이 무슨 특별한 방법이 있나 해서 우리 교회를 방문한 적도 있지만 우리는 큐티하고 기도하고 찬양하는 전통적인 목회 메뉴 외에는 없었다.

10개월 만에 교회는 4배가 성장하여 18명의 교인이 73명의 성도가 된 것이다. 설교를 잘한 것이 아니었다. 설교는 다른 목사가 설교한 것을 충분히 이해하여 나의 것으로 만들어서 조금씩 고쳐서 설교하였다.

그러나 누가 말씀으로 그렇게 크게 은혜를 받았겠는가! 금식의 위력은 대단하였다. 금식의 위력이 대단하다는 것은 하나님이 긍휼히 보아 주신다는 의미가 있다. 영적으로 도와주고 싶어도 내 안에 있는 내가 방해가 되니 금식으로 나를 제어하셔서 부흥하게 하신 것이다. 금식으로 부흥한 것을 보면 이러한 결론을 얻게 된다.

*금식은 흉악한 결박을 풀어준다. 이것은 알고 보면 구체적인 것이었다.
*하나님은 알고 보면 우리에게 다 해주고 싶어 하신다. 그러나 그 방해물은 바로 나였다.

모이면 기도하게 하라

"내가 그를 나의 성산으로 인도하여 기도하는 내 집에서 그들을 기쁘게 할 것이며 그들의 번제와 희생은 나의 단에서 기꺼이 받게 되리니 이는 내 집은 만민의 기도하는 집이라 일컬음이 될 것임이라"(사 56:7).

모이면 기도하게 하였다. 기도가 없으면 성경의 은혜는 깨달아지지 않는다. 이기적이고 주관적인 사람을 하나로 통일시켜서 하나님의 일꾼이 되게 하는 것은 성령의 역사뿐이다.

부흥은 성령의 산물이라고 흔히 말한다. 기도 없이는 교회 부흥은 없다고 생각해야 한다. 그렇게 기도의 교회로 만들기 위해서는 우선 목회자가 기도하는 수밖에 없다. 별로 쌓아 둔 기도도 없이 어떻게 기도하는 교회로 만들 것인가? 하지만 나는 기도가 잘 안 되는 사람이었다. 기도가 안 되어 전전긍긍하는 날이 참 많았다. 그래도 기도로 무장하는 수밖에 없었다. 원래 실력이 없는 사람이 기도한다. 실력이 좋은 사람이 쉽게 되지도 않는 기도를 하겠는가!

내가 먼저 은혜를 받고 다른 사람이 모이게 하는 것은 기도뿐이다. 기도해서 은혜를 받는 방법을 터득하지 못하면 목회는 끝난 것이다.

한 그룹을 모아놓고 기도하게 하고, 그들이 성령의 큰 권능으로 채워지지 않더라도 시원하게만 된다면, 그것은 목회의 기초가 되는 것이다. 목사님과 사모님이 그렇게 할 수만 있다면 100명은 쉬운 것이다.

그러한 부분이 좀 약할지라도 기도하면 된다고 우겨야 한다. 하나님은 긍휼의 하나님이시다. 사실 우리가 문제인 것이다. 우리가 기본적인 부분이 잘 안 되어 있어서 교회 부흥이 어려운 것이다.

많은 사람들이 목회가 어렵다고 한다. 아니다. 목회는 쉬운 것이다. 기본기를 갖추기가 어렵다고 말하지 말라. 세상 사람들은 얼마나 어렵고 힘들게 살고 있는지를 알아야 한다.

한 그룹이 기도로 은혜를 받게 해야 한다. 7-10 명 정도의 한 그룹이 모이면 기도하게 하여 불이 붙으면 금방 100명이 되고 그들에게 또 불이 붙어서 당신은 감당을 못하게 될 수도 있다. 그래서 교인들이 떠나게 될 수도 있다.

내가 하라는 대로 한번 해보라. 당신이 먼저 은혜를 받으라. 그리고 교인들을 같이 기도해서 은혜를 받게 하라. 그들에게 성령의 불이 있게 하라. 그들로 하여금 뛰게 하라. 그들은 목회자 보다 더 순수하고 아름다운 영혼을 가졌다.

인생도 목회도 기도이다

"기도를 항상 힘쓰고 기도에 감사함으로 깨어 있으라"(골 4:2).

"쉬지 말고 기도하라"(살전 5:17).

기도하는 것이 인생이다. 한번 생각해 보자. 인생은 원래 하나님과 같이 살도록 되어 있다. 인생은 하나님을 사랑하여 그분과 하나 되어 살도록 되어 있는 것이다. 먼저 하나님이 우리를 사랑하시니 그 사랑을 받아서 하나 되는 것이다. 하나님을 사랑하는 수단 즉 하나님과 연결되는 방법이 중요하다. 하나님과 연결되어 살 수 있는 방법이 기도이다. 그리고 찬양과 예배이다.

하나님과 연결이 끊어지면 그것으로 사람은 끝장이다. 사람의 가치는 그 자체로서 존재하지 않는 것이다. 그래서 인생은 기도하면서 사는 것이다. 쉬지 말고 기도하라고 성경은 말씀하고 있다. 기도야 말로 인생으로 태어난 이상 기본이다. 기도는 인생이 살기 위해서 해야 할 필수적인 것이다. 이것이 목회 전략이고 핵심이다.

성경은 영적인 지도이다. 지도 없이 길을 가는 것은 위험하다. 그러나 사람들이 지도를 대충 알지만 그 길을 따라갈 수 있는 힘이 없다. 성경이 없어서는 안 된다. 성경이 핵심이다. 그러나 그 말씀을 우리 심령에 흘러 받을 수 있는 것은 기도이다. 기도가 성령의 역사를 불러일으키고 그것으로 우리는 힘을 얻는다. 그것으로 성경이 정말 참된 하나님의 말씀인 것으로 수용할 수 있다.

기도 목회는 힘이 든다. 그러나 기도하면 재미가 있다. 힘든 일이 많지만 문제를 가장 잘 극복하게 하는 것이 기도목회이다. 기도하지 않는 교회는 하나 되기가 힘들고 성령의 역사가 적기 때문에 목회가 빡빡하다. 일이 잘 안 풀린다. 하지만 죽으라고 기도하면 일이 풀린다. 죽도록 말씀을 붙잡고 기도하면 설교가 나온다. 교인들이 말을 안 들을 때도 죽도록 기도하면 성도들이 순종한다.

인생의 그 어떤 것도 끝장을 봐야 한다. 그러나 그게 어디 쉬운가! 세상일을 성실하게 해야 한다. 그러나 쉽지 않다. 경쟁 때문에 더 어렵다. 그러나 기도만은 어렵더라도 해야 한다. 죽도록 기도해야 한다. 회개해야 한다. 행동이 변할 수밖에 없도록 기도해야 한다.

나부터 먼저 변해야 한다. 나부터 변한다고 해서 성도가 변한다고 생각하지는 말라. 성도는 흉내를 내는 것이다. 흉내를 내는 것만 해도 감사하지 않는가! 성도들을 흉내에서 한 단계 더 가게 하여야 한다. 흉내 내어 복을 받을 것이다.

명명백백한 사실을, 사실로 인정하는 기도가 되어야 한다. 그래야 인생은 뜬 구름 잡기가 안 되는 것이다. 기도로 끝장을 보아야 한다고 언급하였다. 그러나 주눅 들지 말라. 나는 끝장을 보려고 자세를 가졌지만 항상 그렇게 하지 못하였다. 마음먹은 만큼 잘 안 되었다. 그렇지만 주님은 좋으신 분이셨다. 완숙하지 못한 무화과를 보시고 은혜를 내려 주셨다.

기도하는 교회에도 문제는 있다. 보통 기도하는 사람은 교만하기 쉽기 때문이다. 기도하는 사람은 은사를 받기 때문에 이성적인 성도들에 비하여 자만심을 가지기가 쉽다.

기도하는 것이 쉽지 않기 때문에 기도하는 사람들은 주로 착한 사람들이 아니고 한 성깔 하는 사람들이다. 야단스러운 사람이 기도하는 것이다. 그래서 사람들은 기도하는 사람을 좋아하지 않는다. 아직 특수성이 보편성으로 전환되지 못하였다. 천성적으로 착한 사람들을 좋아한다. 하지만 그냥 착한 사람에게는 문제가 있다. 그것은 정상이 아니다. 보편성을 확보하였지만 특수성이 없는 사람이 된 것이다.

기도하지 않는 착한 사람만 기다리지 말라. 기도하는 한 성깔 하는 자를 만들라. 착한 사람이 기도하는 깡을 가지게 되면 바람직한 일이다. 이것을 칭찬하라.

그러나 보통 기도하는 사람이 교회에서 문제이다. 그들의 기도가 성숙하지 못하였기 때문이다. 기도를 통해서 그가 가지고 있는 문제점이 아직 구체적으로 해결되지 않았다는 것이다. 그럼에도 불구하고 기도하지 않으면 목회는 더 안 된다. 기도하는 사람의 겸손을 별도로 가르쳐야 한다. 기도하는 자에게 다음 단계로 가기 위하여 구체적으로 설명해 주어야 한다.

우리 교회는 그래서 기도학교가 있다. 기도하는 사람은 보배이다. 기도하는 사람이 교만으로 넘어지지 않도록 단단히 가르쳐 준다. 한 성깔 하는 사람들은 주로 교회의 보배들이다. 그들을 기도하는 사람으로 만들면 그 교회는 반드시 부흥하는 것이다. 그 방법론에 대해서는 더 이야기하면 좋겠다.

기도하면서 핵심적인 자기 가치관, 그리고 계획을 세우라

"구하라 그러면 너희에게 주실 것이요 찾으라 그러면 찾을 것이요 문을 두드리라 그러면 너희에게 열릴 것이니 구하는 이마다 얻을 것이요 찾는 이가 찾을 것이요 두드리는 이에게 열릴 것이니라 너희 중에 누가 아들이 떡을 달라 하면 돌을 주며 생선을 달라 하면 뱀을 줄 사람이 있겠느냐"(마 7:7-10).

기도하면서 자기의 가치관을 세워야 한다. 특히 핵심적인 가치관은 책을 읽어서 세워지지 않는다. 핵심적인 자기 주관은 기도로, 눈물로 세워지는 것이다. 그 핵심적인 가치관에 살을 붙이는 것도 마찬가지이다. 나를 잘 아시는 하나님이 나의 핵심적인 가치관을 세우게 하는 것이다.

기도하면서 성경을 읽고, 기도하면서 사건을 생각하고, 기도하면서 교리를 생각하고, 기도하면서 책을 읽어야 한다. 나는 학교에 다닐 때 기도하면서 리포트를 썼다. 리포트를 위한 리포트는 쓰지 않았다.

사고의 폭을 넓히고 사고력을 건강하게 만들기 위하여 기도하면서 책을 읽었다. 기도하면서 사고의 지평을 강하게 만들었다. 그래서 책을 읽는 만큼 나의 실력은 늘어났다. 그리고 설교에 반영될 수 있는 책 읽기가 되도록 했다. 그것이 기도를 통해서 영적으로 소화되었기에 나의 언어에 반영되었다. 그래서 나는 무식하다는 소리를 조금씩 피할 수 있었다.

기도하면서 읽는 책 그리고 성경읽기와 기도가 나를 세워주었다. 나는 나에게서 출발할 수밖에 없다. 즉 나의 경험에서 출발할 수밖에 없다. 그래서 기도하면서 책과 성경을 읽고, 은혜를 받고, 뼈대를 세워 나갔다. 그러면서 내가 가진 지식과 사고의 기둥에 문제가 있으면 수정하고 확정하여 나가는 것이다.

기도하면 하나님은 내게 새로운 생각을 주신다. 내가 생각해봐도 신비롭고 멋있고 좋은 생각들이 떠오른다. 그것들을 메모해서 기도노트를 만들었다. 나의 모든 설교와 목회 방침과 아이디어는 기도하면서 받은 것이다. 그것이 주님이 주신 신비로운 것이기도 하지만 상식에 불과한 것도 있다. 그렇지만 상식도 중요한 것이다.

나는 기도하면서 거의 모든 계획을 세운다. 부교역자들이 어떤 것에 대해 내게 물으면 거의 바로 대답이 나온다. 교회의 예산도 기도하면서 나온다. 그 돈을 써야 할지 말아야 할지도 기도하면서 골격이 갖추어지는 것이다.

그렇다고 어떤 신비한 것이 항상 있는 것은 아니다. 상식적인 것이라도 기도하면서 모두 정리하고 순서를 정하는 것이다. 나의 기도노트에는 누가 얼마나 받는지 모든 사례비가 다 적혀있다. 나는 그것을 기도하면서 정리하였기 때문에 모두 다 외우고 있는 것이다.

교회를 건축할 때도 어렵지만 모두 계획하여 자금을 조달하고 지출을 하는 것이다. 구체적인 설계도 다 기도하면서 그렸다. 그렇게 만든 설계대로 교회는 지어졌다.

이것을 이상하게 신비적으로 해석할 필요는 없다. 좀 더 맑은 마음이 되었을 때 나는 정리하는 것이다. 좀 더 마음을 비우고 정리한 것이다. 그것이 현실적으로 맞는지 틀렸는지, 굳이 따져볼 필요가 없다. 더 깊은 생각이 있으면, 그 생각을 수용하는 것이다. 하지만 그 전 과정이 있기 때문에 더 좋은 결과로 판단되면 나는 수용하는 것이다. 거기에 무슨 계시가 맞느니 틀리느니 하는 문제가 없다. 이렇게 기도하면서 적은 노트가 6권 쯤 된다. 절대 그 내용은 신비한 것이 아니다. 혹 신비한 것이 있더라도 별로 많지는 않다.

우리 교회에는 기도학교가 있다. 기도의 초보자가 거치는 과정이다. 안수집사님들 가운데 기도학교 교사들을 세워서 기도를 가르치게 한다. 기도대학 2단계를 수료하거나 기도학교 교사 과정을 수료하면 기도학교 교사 자격증을 수여한다.

기도학교를 통해서 기도하지 못하는 성도가 기도하게 된다. 그리고 다시 지원자를 받아서 기도대학에 입학하게 한다. 기도대학은 기도학교 보다 더 상위과정이다. 기도대학은 3년 과정이다. 한 학년은 3 학기로 나눠져 있다. 그러나 3년 만에 수료하기는 쉽지 않다. 4년의 과정을 거쳐야 기도하는 것을 제대로 배울 수 있다.

기도대학의 필요성은 분명하다. 기도하는 사람이 문제가 많다. 기도의 주관적 경험으로 인하여 오히려 더 시험에 드는 수가 많다. 그래서 기도하게 하고, 기도하면서 생기는 문제점을 제거하는 것이다. 기도하면서 자기를 점검하게 하고 자기 내부를 청소하게 하여 인재를 양성하는 것이다. 장로 기도대학과 안수집사 기도대학이 있다. 여기서 우리 교회의 핵심적인 인재가 양성되는 것이다.

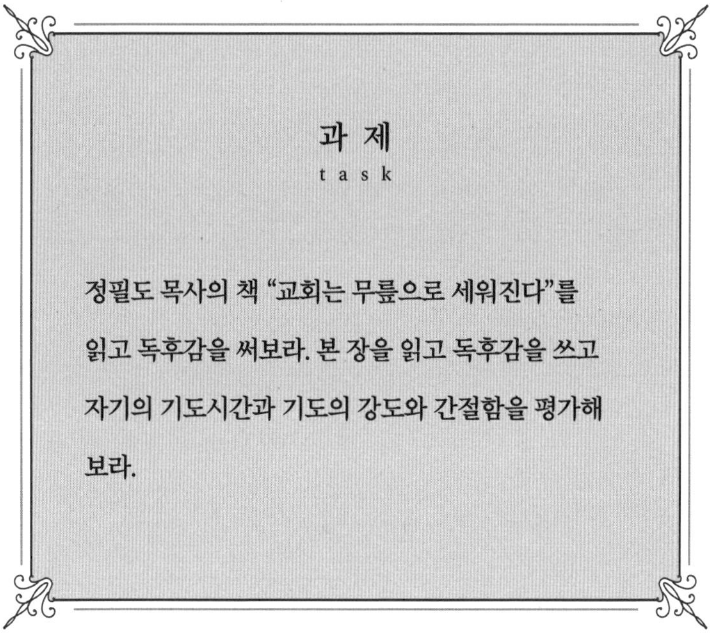

과 제
t a s k

정필도 목사의 책 "교회는 무릎으로 세워진다"를 읽고 독후감을 써보라. 본 장을 읽고 독후감을 쓰고 자기의 기도시간과 기도의 강도와 간절함을 평가해 보라.

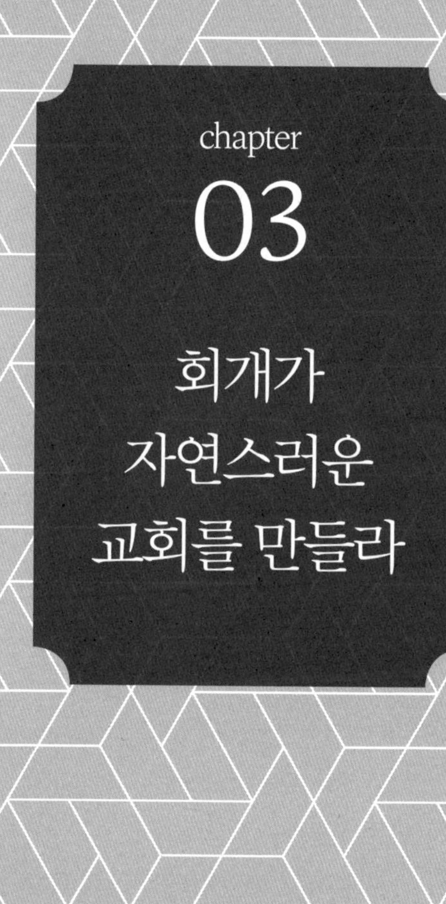
chapter
03

회개가
자연스러운
교회를 만들라

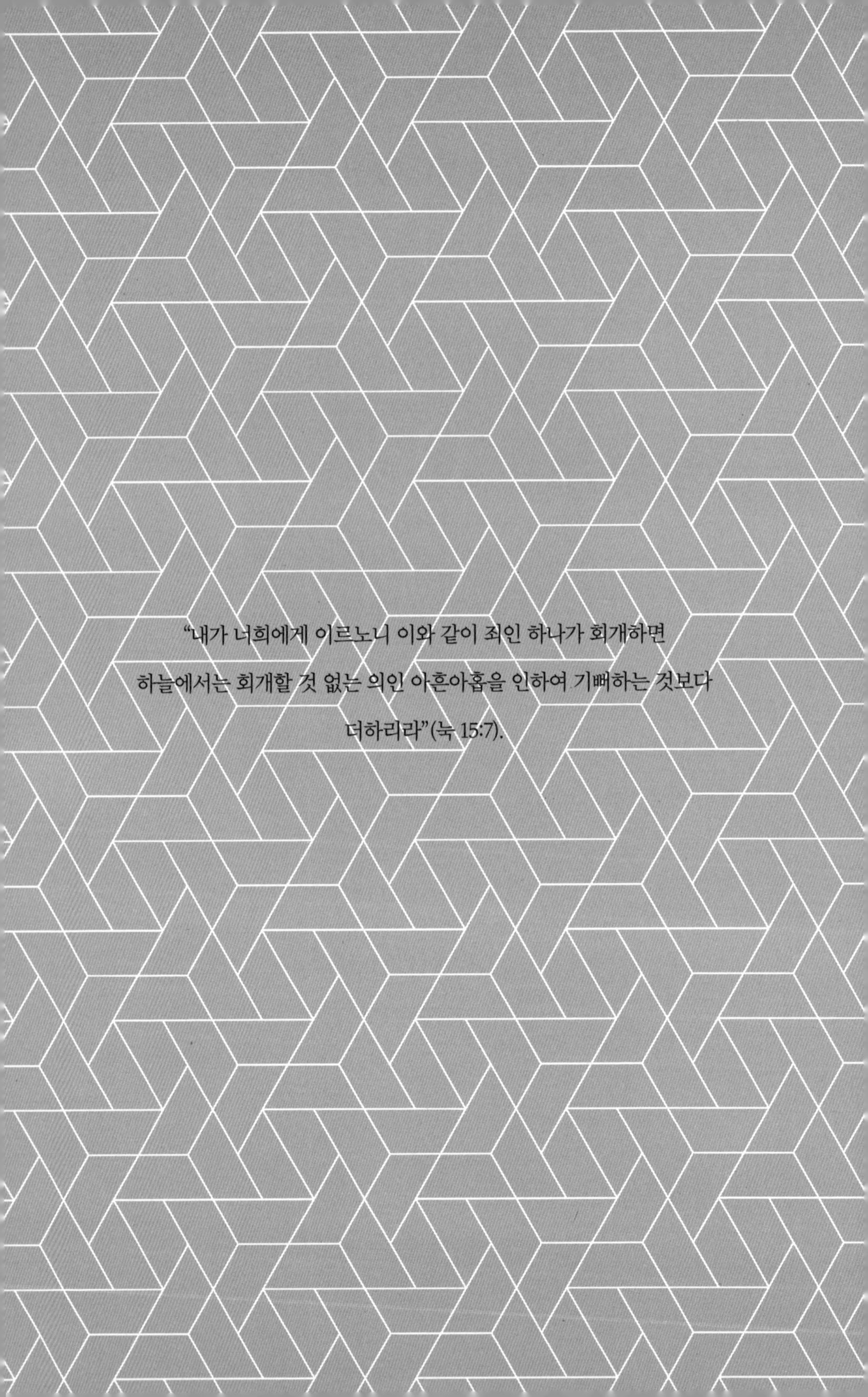
"내가 너희에게 이르노니 이와 같이 죄인 하나가 회개하면
하늘에서는 회개할 것 없는 의인 아흔아홉을 인하여 기뻐하는 것보다
더하리라"(눅 15:7).

이 세상적인 기준으로 보면 회개는 잘못한 사람만이 하는 것이다. 그러나 성숙한 사람일수록 사람은 깊은 죄성을 갖고 있다는 것을 알게 된다. 나는 잘난 사람과 못난 사람이 따로 있는 것이 아니라는 것을 알게 되었다. 모든 사람이 추악한 죄를 갖고 있다는 것을 알게 되었다. 지금은 괜찮은 것 같지만 모든 인간이 깊은 죄성을 가지고 있다는 것을 알게 되었다.

나를 통해서 알았다. 주변의 사람을 통해서 알았다. 문학작품을 통해서도 알았다. 그것은 간단한 문제가 아님을 알았다. 점잖을 떠는 인간도 별수 없음을 알게 되었다.

한 목사의 마음에 역사하는 마귀를 강제로라도 분리시켜 달라는 매달림을, 시로 표현하는 시인을 형이상학파 시인이라고 부르고 또 한편으로는 중생한 목사로 부른다는 것을 알았을 때 충격 그 자체였다.

그의 이름은 존 돈(John Donne, 1572~1631)이다. 그의 이름은 영문학사의 위대한 형이상학파 시인으로 굳게 자리 매김 되었다. 그의 시를 한번 보자. 그의 거룩한 10번 소네트(Sonnet)이다.

"but is captived, and prove weak or untrue."

-나는 마귀에 잡혔습니다. 나는 연약하고 진실하지 못합니다.

"Divorce me, untie, or break that knot again."②

-나는 마귀와 혼인한 몸이오니 이혼시켜 주십시오.

그리고 다시 엉킨 것을 풀어주시고 부수어 주십시오.

우리가 죄인임을 어설프게 알아서는 절대 좋은 목사가 될 수 없다. 우리는 이신칭의 외에는 다른 방법이 없음을 믿는다. 거기에 겸손과 충성이 있다. 무익한 종이라는 고백이 있을 뿐이다. 이신칭의에는 아주 견고한 회개 신앙이 있음을 우리는 알아야 한다.

우리는 모두 가슴 아픈 죄인임을 고백하는 마음을 가져야 한다. 그것이 진실이다. 그 진실 안에 있어야 산다. 목회는 쉽다. 회개하는 자세를 늘 가지면 목회는 보인다. 사람이 따른다. 자기도 죄인임을 아는데 그것을 고백하기가 쉽지 않다. 그래서 그렇게 고백하게 하는 교회를 좋아하게 되는 것이다.

미국 남부지방의 전통적 기독교의 엄격함 뒤에는 죄성으로 냄새가 난다는 것을 알게 되었다. 윌리암 포크너(William Faulkner)의 작품을 통해서 알게 되었다. 나는 선하고 거룩한 사람이 어떤 사람인지를 알게 되었다. 겉으로만 점잖은 사람이 아니라 죄성으로 인하여 고통하며 십자가를 붙드는 인간, 죄성을 극복하고 나는 날마다 죽노라고 하는 사도 바울이 바로 성자임을 알게 되었다.

믿음으로 구원을 받는다는 진리가운데 과정이 있다는 것도 알았다. 우리는 구원의 공동체이기도 하지만 구원의 도상의 공동체이기도 한 것이다. 우리는 날마다 회개하는 공동체이어야 한다. 이 회개의 자

---

② 최중수, [신앙시인의 이해] (크리스찬다이제스트, 1994), p. 44.

리를 상실하였을 때 우리는 기독교인임을 포기하는 것이다. 모이면 회개하도록 해야 한다. 회개하는 것이 자연스러운 교회의 분위기가 되도록 해야 한다.

그래서 자유함을 누릴 수 있도록 해야 한다. 설교자부터 그런 삶을 즐겨야한다. 회개의 기쁨을 누려야 한다. "그러므로 너희가 회개하고 돌이켜 너희 죄 없이 함을 받으라 이같이 하면 유쾌하게 되는 날이 주 앞으로부터 이를 것이요"(행 4:19)라고 성경은 말하고 있다. 다른 이야기를 듣지 말라. 회개함이 없이 더 나아질 수 없다. 회개 없이 성공할 수 없다. 회개 없이 기쁨이 없다. 천국에 갈 수 없다.

율법주의에 매달리지 말고 말씀을 붙잡아 회개를 안 해도 자유를 누릴 수 있다고 하는 사람도 있다. 그렇지 않다. 회개는 구원에 이르는 회개가 있고 성화에 이르는 회개가 있다. 더 깊은 은혜를 누리기 위해서 하는 회개도 있다. 더 소중하게 쓰임을 받게 하고자하는 회개도 있다.

회개하는 것이 어렵지 않게 되는 교회가 되어야 한다

"내가 너희에게 이르노니 이와 같이 죄인 하나가 회개하면 하나님의 사자들 앞에 기쁨이 되느니라"(눅 15:10).

회개하는 것이 어려우면 목사를 공격하는 성도가 많아진다. 목사는 공격을 당하면 '아! 내가 회개하지 않으니 하나님께서 회개시키는 구나'라고 여겨야 한다.

나를 "김형제 목사님"이라고 불러주지 않고 "김형제 씨"라고 불러도 괜찮은 것이다. 나를 죄인이라고 부르는 사람이 고맙게 느껴지면 반드시 목회는 된다. 우리는 모두 다 죄인이라는 의식을 가져야 한다. 그래야 십자가가 이해가 되고, 찬송가와 성경이 이해가 되고, 겸손의 능력이 무엇인지를 알게 된다. 회개하는 능력이 무엇인지를 알아야 된다.

"내가 잘못했습니다"라는 말이 담임목사에게서 쉽게 나올 수 있어야 한다. 그래야 성도의 입에서 "목사님, 그것은 내가 잘못하였습니다"라는 말이 나올 수 있다.

"내가 잘못하였습니다"라는 말이 안 나오는 사람은 직분자로 삼으면 안 된다. 그는 감추는 사람이다. 그는 감추다가 발각이 되면 공격하는 사람으로 변하고, 그 공격의 대상이 바로 목회자가 될 수 있다.

목회자가 침묵 속에서 들을 수 있는 공격의 말 중에 하나는 "왜 목사님 나에게 회개의 참 맛을 안 가르쳐 주셨습니까? 그러므로 목사님은 악한 목사입니다"이다. 무조건 회개해야 된다고 강압적으로 외치지 말라. 회개가 얼마나 좋은 것인지를 말하라. 산삼을 먹은들 무엇 하겠는가? 회충이 많으면 산삼을 먹어도 소용이 없다. 회충을 빼내면 먹은데로 건강이 될 수 있다. 몸 안에 나쁜 벌레를 빼내야 산다.

회개의 재미가 퍼지게 하라. 자신이 먼저 회개의 즐거움을 누리라. 그래서 목회자를 본받게 하라. 목회자가 어떤 사람인지를 사람들은 다 안다. 목회자의 수준을 사람들은 안다. 사람들은 목회자가 투명한 사람이 되기를 바란다. 그래야 사람들은 따라 온다. 모든 것을 다 성도들에게 고하라는 것은 아니다. 할 말이 있고 하지 말아야 할 말이 있다. 그러나 그런 자세를 보여주라. 성도가 아파도 목회자가 기도를 덜했기 때문이라고 울어보라.

너무 많이 회개해서 나는 우울증에 걸리기도 하였다. 그렇게 회개하였기 때문에 나는 목사 직무를 수행 할 수 있었다. 회개하였기 때문에 강한 성품의 목회자가 좀 변하게 되었다.

나는 사람이 잘 안 붙는 사람이었다. 나는 사람들을 싫어하는 사람이었다. 너무 많은 식구들의 가정에서 태어났기 때문에 나는 자녀를 많이 두는 것도 싫어하였다. 나는 선천적으로 잘못된 것을 회개하였다. 부모로부터 잘못 받는 것을 회개하였다. 후천적으로 내가 잘못된 것을 회개하였다. 내가 기도하면서 회개하는 것을 저절로 보여주게 되었다. 이는 회개의 철학이 분명하였기 때문이다.

회개 없는 교회는 가짜교회이다

"너희에게 이르노니 아니라 너희도 만일 회개치 아니하면 다 이와 같이 망하리라"(눅 13:3).

회개가 없는 교회는 위기가 닥치고 경건의 능력도 없다. 회개가 없는 교회는 말씀이라는 기준이 없는 셈이다.

"내가 탄식함으로 피곤하여 밤마다 눈물로 내 침상을 띄우며 내 요를 적시나이다"(시 6:6)라고 기도하는 다윗의 위대함은 회개의 능력에 있다. 아무리 축복을 주어도 회개하지 않는 부분이 있으면, 그 부분은 큰 문제가 되어 돌아온다. 다윗은 모든 부분에서 회개하는 사람이었다. 그러나 그는 여성편력의 부분에 대해서는 회개하지 않았다. 미리 그것을 회개하여 해결했어야 하였다. 회개하지 않은 부분은 다 당하는 것이다.

부끄러워하지 말라. 사람은 별것 아니다. 회개 안하면 다 문제가 생기는 것이 사람이다. 대통령도 회개 안하면 문제가 생기는 사람이다. 목사도 회개 안하면 문제가 생기는 것이다.

목회자가 회개하는 것이 자연스러우면 교인들도 목사를 본받아 자유롭게 회개한다. 목사가 회개하는 만큼 교인도 회개한다. 회개하는 것을 배워서 회개하는 교회가 되면 100명의 교인이 될 것이다.

웃으면서 회개를 가르치라. 축복을 확신하면서 회개를 가르치라. 엄격하고 무서운 회개, 선지자적 회개를 가르치지 말라. 항상 자연스럽게 회개하는 것을 가르치라.

목회는 쉽다. 하지만 회개하는 것을 가르치고 모범을 보여주지 않으면 목회는 힘들다. 목사가 회개하면 기쁨이 있으니 좋다. 회개하면 자유해서 좋다. 오래 살아서 좋다. 감추고 목회하면 좋을 것 하나도 없다. 척하면 성도들이 얼마나 힘들어 하겠는가. 얼마나 가슴이 막히겠는가.

탁 깨놓고 나도 죄인이라는 자세가 필요하다. 그러나 노골적으로, 구체적으로 말할 필요는 없다. 성도들이 과도한 고백을 들으면서 그것이 오버랩(overlap)하게 하면 그것은 또 죄를 짓는 것이다. 조금씩 죄성을 고백하여 성도들이 따라 오게 하는 것이다.

회개하지 않아도 되는 사람이 있을까? 회개하지 않아도 정결하고 능력이 나타나는 교인이 있을 수도 있다고 생각하는가? 그런 말은 믿지 말라. 자기만 의인인척 하는 사람은 가짜이다. 하늘을 우러러 한 점 부끄러움이 없는 자는 없다. 죄를 짓지 않는 의인은 없다. 믿음으로만 의롭다고 칭함을 받는 것이다.

솔직한 것이 좋다. 만약 옛날 애인이 당당히 벼르고 "이 새끼야 강단에서 당장 내려 와"라고 할 것처럼 예배석이 앉아 있으면 어떻게 하겠는가? 그 때는 "여러분 저는 별 것 아닙니다. 저도 죄인입니다. 저도 죄성을 가진 죄인인 것을 용납하여 주실 분은 손을 들어보십시오. 아! 감사합니다"라고 하며 넘어 갈 수 있을 만큼 되어야 한다.

마음을 비우는 능력

"마음이 청결한 자는 복이 있나니 저희가 하나님을 볼 것임이요"(마 5:8).

나는 정말 능력도 없고 목회자로서 부적합한 사람이었다. 찬송을 제대로 할 수 없는 반 음치 같은 사람이다. 얼굴은 시커멓고 못생겼다. 사람을 별로 좋아하지 않는 사람이었다. 영어는 좀 하는데, 그것도 무지 노력을 많이 한 것이다. 천재성도 물론 없다. 몸에 열등감이 배어 있었다.

지금도 솔직히 그 열등감이 남아있다. 하지만 나는 어느 날 정말 좋은 단어를 발견하였다. 'Negative Capability'(마음을 비우는 능력)라는 용어였다. 존 키츠(John Keats)[3]라는 낭만파 시인이 만든 용어였다.

나는 이런 용어가 있다는 자체를 소중히 여겼다. 별다른 능력이 없는 나로서는 positive(드러나는) 능력만 생각하다가 그것만이 능력이 아니고 "negative(마음을 비우는) 능력도 능력이다"라는 말만 들어도 축복이었다.

나는 마음을 비우기로 했다. 마음을 비우는 것이 회개이다. 그 방면으로 확실하게 능력이 있는 목사가 되기로 결심하였다. 그 비움을 사모하고 실천하였다. 비움 가운데 있는 즐거움을 누리기로 결심하였다. 비움 안에 있는 능력을 사모하기로 하였다.

사람은 별것 아니다. 마음을 비우면, 회개하면 능력이 나타나는 것이다. 성부와 성자와 성령 외에는 모든 것은 다 무너져도 좋다고 생각하였다. 회개는 능력이다. 능력이 생긴다. 당신도 목회를 잘 할 수 있다.

나는 비전을 가져야 한다고 믿는다. 꿈을 가져야 한다고 믿는다. 그런 것은 비우면 안 된다. 그러나 삼위일체 하나님 중심으로 필요한 것 외에는 다 버려야 능력이 생긴다. 능력자가 될 수 있다. 100명을 충분히

---

[3] 영국의 시인. 셸리 · 바이런과 더불어 18세기 영국 낭만주의 전성기의 3대 시인 중의 한 사람이다. 런던의 빈한한 가정에서 출생하여 15세 때 부모를 여의고 한 때는 외과의의 조수로도 있었으며 호메로스 · 스펜서 등을 애독, 시작(詩作)에 몰두하였다. 《Endymion(엔디미온)》《밤꾀꼬리에게 Ode to a Nightingale》등의 작품이 있다. 그는 시인의 요소는 방심 상태(放心狀態) · 무감각 상태를 전제로 마비경에 이르는 마음을 비우는 能力이 필요하다고 하고 워즈워드를 배격, 셰익 스피어적인 것을 긍정했다.

넘을 수 있다. 마음을 비운다고 해서 모든 것을 다 버리는 것은 아니지만 우리에게는 불필요한 마음이 너무 많다. 하나님을 위한 마음은 강하게 만들고 나를 위한 마음과 욕심을 버릴 때 사람들은 따른다.

자기가 가진 재산이 있으면 말하지 말라고 한다. 말하지 않을 뿐만 아니라 결정적인 순간에 내어 놓을 줄도 알아야 한다. 나의 동기생들 가운데서 자기 재산을 다 내어놓고 열심히 목회한 목회자들은 거의 다 성공하였다.

물질도 쌓아두고 사례비도 많이 받아서 노후를 지나치게 준비하려는 목회자들은 하나님이 용케도 골라내셨다. 연금 탄 것도 다 내어 놓을 수밖에 없는 곳에 가게 하셨다.

교인의 숫자가 작으면 목회자가 투명하게 보이기가 쉽다. 교인이 많으면 아무리 가난해도 어떤 한 사람이 목회자의 외면만 보고 소문내면 지저분한 사람이 된다. 많은 교인을 부러워하지 말라. 우선 백 명의 교인을 즐거워하는 수준까지 가보라. 100명이 넘으려면 다른 주머니를 차지 말라.

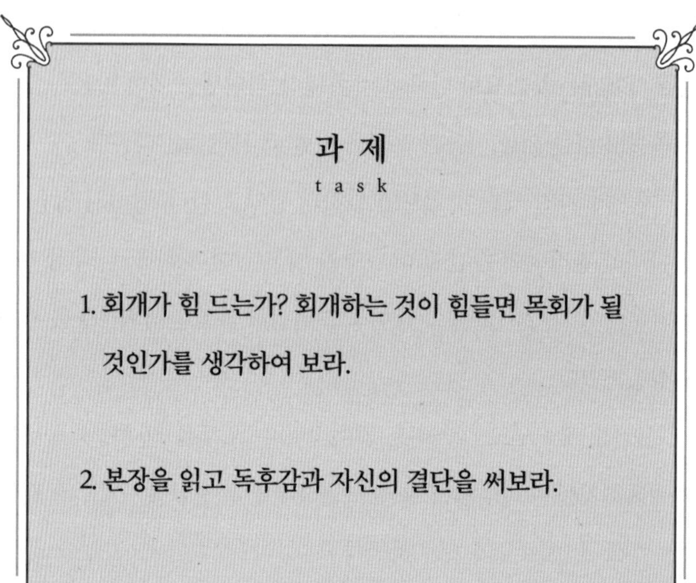
반드시 부흥할 수 있습니다

과 제
t a s k

1. 회개가 힘 드는가? 회개하는 것이 힘들면 목회가 될

것인가를 생각하여 보라.

2. 본장을 읽고 독후감과 자신의 결단을 써보라.

chapter

04

비전을
가지라

“예수께서 이르시되 할 수 있거든이 무슨 말이냐 믿는 자에게는 능치 못할 일이 없느니라 하시니” (막 9:23).

교인 수는 우선 200명을 목표로 하라

200명 교인이 제일 좋다고 생각하라. 200명이면 우선 목회가 자급이 되고 다른 사람이 좀 더 올 수도 있다. 교인이 시험에 들더라도 불안초조에 시달릴 필요가 없다. 부목회자를 풀타임으로 두면 사택이 필요하고 보너스를 주어야 하고 그 만큼 시달린다.

200명이면 교육전도사를 두면 된다. 파트타임을 두면 된다. 좀 바쁠 것이다. 하지만 목회는 바쁜 것이 좋다. 바쁘지 않으면 잡생각이 많이 든다. 그렇게 되면 목사는 선한 목사가 될 수가 없다. 나의 눈물로 이루어진 성도 200명, 나의 아픔으로 이루어진 성도 200명, 대형교회 당회장 보다 낫다.

모두 천국에 가는 비전을 가지라

"사람이 만일 온 천하를 얻고도 제 목숨을 잃으면 무엇이 유익하리요 사람이 무엇을 주고 제 목숨을 바꾸겠느냐"(마 16:26).

목회자는 교인들을 천국으로 보내야 할 의무와 책임이 있다. 천국 이야기를 믿게 해야 하고 천국과 지옥을 선명하게 이분법적으로 대비하여 설명할 필요가 있다.

섬기는 성도들이 천국에 가든, 지옥에 가든 관심 없는 목사에게는 사람들이 자기의 영혼을 맡기지 않는다. 성도들도 알고 있다. 아무 목회자나 교회에 자기 영혼을 맡기는 것이 아니다.

큰 교회는 한 영혼의 구원문제에 대해 소홀하다. 큰 교회는 프로그램이 많고 청중 속에 숨기가 좋기 때문이다. 작은 교회는 영혼을 맡길 수 있는 것이다. 무리하지 않으면서 그들의 영혼을 충분히 사랑해야 하고 성도들이 충분한 배려와 돌봄에 있다는 것을 확신할 수 있게 해야 한다.

어떤 사람이 천국에 가는가? 성경은 어떤 사람이 구원을 받는다고 말하고 있는가를 한번 정리하여 보자. 나는 그 체크 리스트를 만들어 보았다. 성도들이 지옥에 가는 장면을 생각하여 보라. 내가 천국에 못가는 장면을 생각하여 보라. 우리는 열정과 진정성을 가져야 한다.

1. 믿음 구원론: 요 3:16.

2. 사랑 구원론: 요 3:16.

3. 독생자 예수 십자가 구원론: 요 3:16.

4. 주(主)로 시인 구원론: 롬 10:10.

5. 행함 구원론: 약 2:20.

6. 용서 구원론: 주기도문.

7. 예복 구원론: 마 22:11-14.

8. 순종 구원론: 벧전 4:17.

9. 주일성수 구원론: 출 31:13-16.

10. 겸손 구원론: 시 101:5.

11, 성경절대신뢰 구원론: 계 22:19.

12. 예수 사랑 구원론: 고전 16:22.

13. 영적 순결 구원론: 계 21:8.

14. 아들 구원론: 요일 5:12.

15. 인내 구원론: 마 24:13.

16. 양 염소 구원론: 마 25장.

17. 경건연습 구원론: 딤전 4:8.

18. 세상사랑 구원 불가론: 요일 2:15-17.

19. 도적, 음란, 우상숭배, 구원 불가론: 고전 6:9-10.

20. 하나님의 뜻 구원론: 마 7:21.

21. 비방, 탐욕, 분쟁, 수군수군, 구원 불가론: 롬 1:29-32.

22. 중생 구원론: 요 3:3.

23. 배신 구원 불가론: 마 27:5.

24. 어린아이 구원론: 마 18:3.

25. 화평과 거룩 구원론: 히 12:14.

전도하지 않는 전도의 비전을 가지라

"나다나엘이 가로되 나사렛에서 무슨 선한 것이 날 수 있느냐 빌립
이 가로되 와 보라 하니라"(요 1:46).

반드시 부흥할 수 있습니다

전도는 쉽지 않다. 성도들이 자기도 겨우 나오는데 어떻게 전도를 하겠는가! 성도들이 은혜를 받지 못한 상태에서 전도하면 오히려 역효과만 생길 수 있다.

나는 시골 농촌 교회에 부임하여 전도하지 말라고 했다. "전도를 해서 많은 영혼들을 데리고 목회하는 것이 나의 목표가 아니다"라고 선언하였다. "나의 목적은 바로 당신들이다. 당신들이 천국을 가야하고, 변화되어야 하고, 당신들이 바로 복을 받아야 한다"라고 선포하였다.

그것은 바로 실천되었다. 나는 다른 사람들이 어떻게 전도하는가에 대하여 거의 신경 쓰지 않았다. 나의 철학을 바로 세웠다. "나는 내게 주어진 사람들과 살겠다. 성도들이 최고로 소중한 줄 알고 살겠다. 당신은 바로 나의 어머니이다. 나의 누이이고 동생이다"라고 하는 것이 나의 철학이라고 생각하였다. 바로 내 앞에 있는 사람들을 소중히 여기는 것이 나의 삶이라고 생각하였다.

수많은 날들을 아내는 그들을 섬기느라고 하루 종일 바빴다. 그들이 시장에 가면 데려다 주기도 하고, 병원에 가면 그들의 손발이 되어 데려다주었다. 단순하게 섬기는 것이 아니라 영적으로 깨우치게 하기 위해 기도를 시켰다. 그래서 성도들은 새벽기도에 거의 100% 출석하였다. 그들이 열심히 기도하였기에 내가 그들을 위하여 기도해 주기만 해도 병이 나았다. 결코 신유의 은사가 아니다.

목회가 잘되었다. 전도하지 말라고 하였는데 그들은 전도하고 있었다. 한 사람이 19명을 전도하기도 하였다. 전도하라고 하지 않고 섬겨주고 기도 훈련을 시키자 교회는 부흥된 것이다.

전도를 하라고 해서 전도한다면 문제가 있다. 전도하지 말라고 해도 전도 할 수밖에 없는 생명력이 나타나야 하는 것이다. 성도 스스로 '전도는 해야지'하는 다짐을 하게 해야 한다.

"그래도 전도는 해야지"라는 말에 동의한다. '전도하지 않는 영성'이라는 것은 섬김으로써 전도한다는 뜻이다. 섬김으로서 전도하고, 내공으로서 전도하고, 소문으로서 전도하는 것을 말한다. 전도해야 한다. 사실 전도하지 말라는 말이 아니다. 직접적인 전도를 하지 않아도 전도가 되는 것을 말하는 것이다.

예를 들어보자. 지금 있는 교인이 행복하지 못한데 또 다른 교인이 온다면 행복하지 못한 교인은 나가게 된다는 것이다. '다른 교인으로 채워지니 내가 나가도 괜찮겠지'라는 마음이 드는 것이다. 그렇게 되면 교회는 부흥 할 수 없다.

전도하지 않아도 교회는 부흥이 될 요소를 갖고 있어야 하는 것이다. 설교를 잘하면 괜찮겠지만 설교 잘하는 것은 쉽지 않다. 설교를 잘하기까지 긴 시간이 걸리고, 그 동안 교회는 부흥하지 못하는 것이다.

설교를 물론 잘하면 좋다. 큰 도움이 될 것이다. 전도도 해야 한다. 그러나 우선 100명 교회로 성장하기 위해서는 작은 공동체의 모든 사람들과 개인적으로, 인격적으로 관련성을 맺는 것이다. 그들을 사랑하는 것이다. 예수님의 사랑을 기도하며 받아서 전달하는 것이다.

기도하면 그 마음이 생기는 것이다. 기도했는데도 그런 마음이 안 생길수도 있다. 실망하지 말라. 기도를 좀 더 해라. 기도가 삶을 지배하게 하라. 반드시 된다. 기도가 안 되어도 되게 하려고 노력하자. 그것은 할 수 있다. 당신은 할 수 있다. 용기를 가지라.

마음과 마음이 만나는 비전을 가지라

셀(cell)이라는 것은 마음과 마음의 만남이 아니겠는가! 교회는 마음과 마음의 만남이 있는 곳이 되어야 한다. 어떻게 하면 그렇게 되는가? 기도하면 마음과 마음이 만난다.

사람과 사람이 만나서는 교회가 부흥 할 수 없다. 사람의 마음과 마음이 만나야 한다. 인격과 인격의 만남은 어디에서 이루어질까? 진실에서 사람은 만난다. 진실하기가 쉽지 않지만 사람은 진실하기를 원한다. 진실하게 서로 사귀면 누가 뭐라고 말하지 않아도 사람은 움직이기 시작한다. 감추고 위대한 일을 생각할 수 없다. 위선적인 행동으로 사람의 마음을 살 수 없다. 내가 진실로 믿지 않고는 사람을 끌고 갈 수 없다.

혹시 위선으로 사람을 끌고 가는 지도자도 있겠지만 그렇게 하는 지도자는 영적으로, 정신적으로, 육체적으로 병이 들뿐이다. 그것은 진정한 목회가 아니라고 나는 생각한다. 정말 신뢰하는 가운데 있는 힘, 그 힘을 믿어야 하는 것이다. 그렇게 해야 내가, 가정이, 우리 모두가 그리고 교회가 행복한 것이다.

100명 출석 교회가 행복한 것이다. 100명의 성도들을 행복하게 하고 그들을 천국으로 이끄는 꿈을 꾸라. 목사 되기를 잘했다. 진실의 힘으로 목회를 하는 것이다. 세속에는 진실이 없다. 우리를 사랑하시는 진실, 믿음으로 의롭다하시는 진실, 하나님의 진실을 믿으라. 그리고 순종하는 것이다.

행복한 목회의 비전을 가지라

"거기 곧 너희 하나님 여호와 앞에서 먹고 너희 하나님 여호와께서 너희 손으로 수고한 일에 복 주심을 인하여 너희와 너희 가족이 즐거워할찌니라"(신 12:7).

모이면 기도하였다. 울고불고 회개하였다. 그러면 죄 사함을 받고 우리는 몸이 뜨거워졌다. 주어진 상황을 활용하여 우리는 즐겼다. 거의 한 달이 멀다하고 돼지를 잡았다. 돼지를 잡아 수육과 고기를 먹으면서 사람들은 즐겼다.

인생은 즐거운 것이다. 이 모든 즐김의 원천은 영의 역사에 있다. 먼저 영혼이 잘되어야 하는 것이다. 내 영혼이 먼저 잘되고 범사에 강건하여지는 것이다, 그래야 돼지도 잡는 것이다. 돼지를 잡으려면 법적으로 신고를 해야 한다. 그러나 그런 것 다 따지면 결국은 아무것도 못한다. 법적인 것, 인간적인 것, 모든 사항을 다 헤아리면 목회는 꽝이 된다. 죽어라고 기도하면 이런 일도, 저런 일도 다 하나님이 열어주신다. 성도들이 자원해서 돼지도 잡고 돈도 내겠다고 한다. 돼지를 잡으면 사람들이 모인다. 주어진 상황을 즐거워하는 것이다. 행복해 하는 것이다. 이것이 인생이 아니던가! 영이 든든하면 혼도, 범사도 든든하게 되어가는 것이다. 기도가 우리를 붙잡고 있었기 때문에 아무도 세속적인 해석으로 우리를 당황하게 하는 자가 없었다. 상황을 해석하는 방법은 여러 가지가 있다. 사회적으로, 정치적으로, 경제적으로, 심리적으로 해석하면 우리는 문제가 많았다.

우리는 교육관을 무허가로 지었다. 그런데 무허가로 지으면 안 되는 줄을 몰랐다. 왜 그렇게 무식하였는지 모르겠다. 하지만 누군가가 길도 콘크리트로 깔아주고 해서 우리는 완성하였다.

콘크리트 도로를 준공하는 날, 우리 건물을 공무원이 보더니만 허가를 받았냐고 물었다. 그제야 '아차'하였다. 관공서에 찾아가서 모르고 그랬다고 빌었다. 그랬는데 그게 통용이 되었다. 매사가 이런 식이다. 아무도 우리를 말릴 수가 없었다. 우리는 재미있었다. 마음을 다 내려놓고 이런 재미를 꿈꾸라.

성도들을 꿈의 성도들로 만들라

믿음이라는 것은 어찌 보면 현실이 아니다. 반석에서 어떻게 물이 나오는가? 반석에서 물이 나오는 것을 믿어야 하는 것이다. 반석이 깨진다는 것이 꿈이라고만 생각해서는 안 된다. 반석 같은 상황이 반드시 깨어진다고 믿고 실천하는 것이다. 이것을 강조하여야 100명이 되는 것이다.

반석에서 물이 난다고 외쳐야 한다. 당신이 반석이다. 당신 안에 생수가 있다. 당신이 깨어질 때, 지팡이로 쳤을 때 물이 나온다. "삶이 괴로워서 죽고 싶으신 분, 당신 안에 생수가 이미 존재하고 있다"라고 생명을 걸고 외쳐야 하는 것이다.

주님은 베데스다 연못가의 중풍병자에게 단호한 결단이 필요하다고 말씀하셨다. 주님은 단호한 비전의, 단호한 희망의 목회를 하신 것이다. 이 병을 고쳐서 상황의 변화를 가져오게 한다는 뚜렷한 자기 신앙에 대한 결단을 질문하신 것이다. 연약한 성도들을 보고 기운이 빠져서는 100명이 될 수 없다. 오히려 신나야 한다. 신앙생활은 저녁이 되며 아침이 되는 것이다. 저녁에 아침을 선포하는 것이다. 기도하면 응답되어서 아침이 온다고 외치라. 마른 지팡이에 싹이 난다고 외쳐야 한다. 사막에 만나가 내린다고 외쳐야 한다.

알렌이 항생제가 다 떨어졌을 때 흙을 구워서 가루로 만들고 마이신을 대신하여 테라 피르마(TERRA FIRMA)라고 약명을 부쳤다. 그리고 사람들이 치료 되었다. 치유를 선포하는 것이다. 된다고 외치는 것이다. 이것이 목회의 생명이다. 어려울 것 같은가? 마음을 바꾸라. 그래야 100명이 된다. 사람들은 지쳐있다. 자신 없어하고 있다. 기존 대형교회 교인들은 생명을 경험하지 못하고 있다. 오히려 자신감을 가지라.

뒤집어 보게 하라

반드시 부흥할 수 있습니다

뒤집어 볼 줄을 모르면 교인이 교회로 찾아오겠는가? 캄캄한 저녁에 아침이 온다고 외치는 것이 목회라고 했다. 토끼 같이 생긴 대한민국 영토를 보고 호랑이라고 우겼다. 예수 안에서 사막에 길이 난다고 외치는 것이다. 예수 안에서 샘물이 솟아 날 것이라고 위로하고 격려하는 것이다. 슬픈 일을 많이 보고 늘 고생하여도 예수 공로 의지하여 항상 빛을 보는 것이 신앙이다. 하나님은 뒤집어 보시는 분이시다.

윤치호는 한국 초대교회 최초의 감리교인이었다. 그는 하나님께 기도하면서 응답을 받았다.

"시간이 지나면 조선도 다른 나라 사람들과 마찬가지로 문명한 나라가 될 것입니다. 이 천만 우리 겨레도 어느 날엔가 자유에 대하여 말을 하고 자유를 누릴 날이 있을 것입니다."[4]

아무리 어려워도 이런 비전을 끝가지 가지고 있어야 하는 것이다. 그는 1900년 말 일제 침략의 발길이 다가서는 초조와 불안 속에서 이런 글을 계속한다.

"이제 다가올 세기 2000년의 조선은 발전과 개선을 거듭하여 오늘의 조선과 비교해 완전히 새로운 나라가 될 것입니다. 아! 오늘의 조선의 모습을 보기 위하여 100년 후의 그날 내 다시 조선에 되돌아오고 싶구나."[5]

기도하는 사람은 반드시 희망적으로, 긍정적으로 되어야 한다. 일제 강점기에 조선의 천재들은 변절했다. 이성적으로는 변절의 길을 간다는 것이다 우리는 믿음의 사람들이다. 윤동주는 이렇게 외쳤다.

"이제 새벽이 되면 나팔 소리 들려 올 것이외다."[6]

이것이 기독교이다. 신념을 가지라. 긍정의 신학이 잘못되었다고 주장하는 사람이 많다. 하지만 역사의식이 투철하면서 긍정적인 신앙을 가지면 된다. 역사적 상황을 모르고 하는 것이 아니다. 우리는 안다. 이성적이다. 그러나 희망적이다. 상황을 뒤집어 보는 눈을 가지고 있다. 이런 목회를 할 생각이 있는가? 그러면 당신은 100명을 훌쩍 넘을 것이다.

---

④ 민경배, [신앙과 역사] (연세대출판사, 2004), p 94.
⑤ Ibid.
⑥ Ibid., p 95.

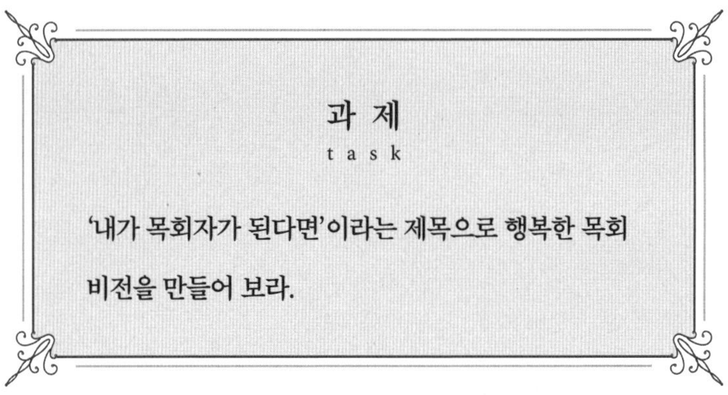

반드시 부흥할 수 있습니다

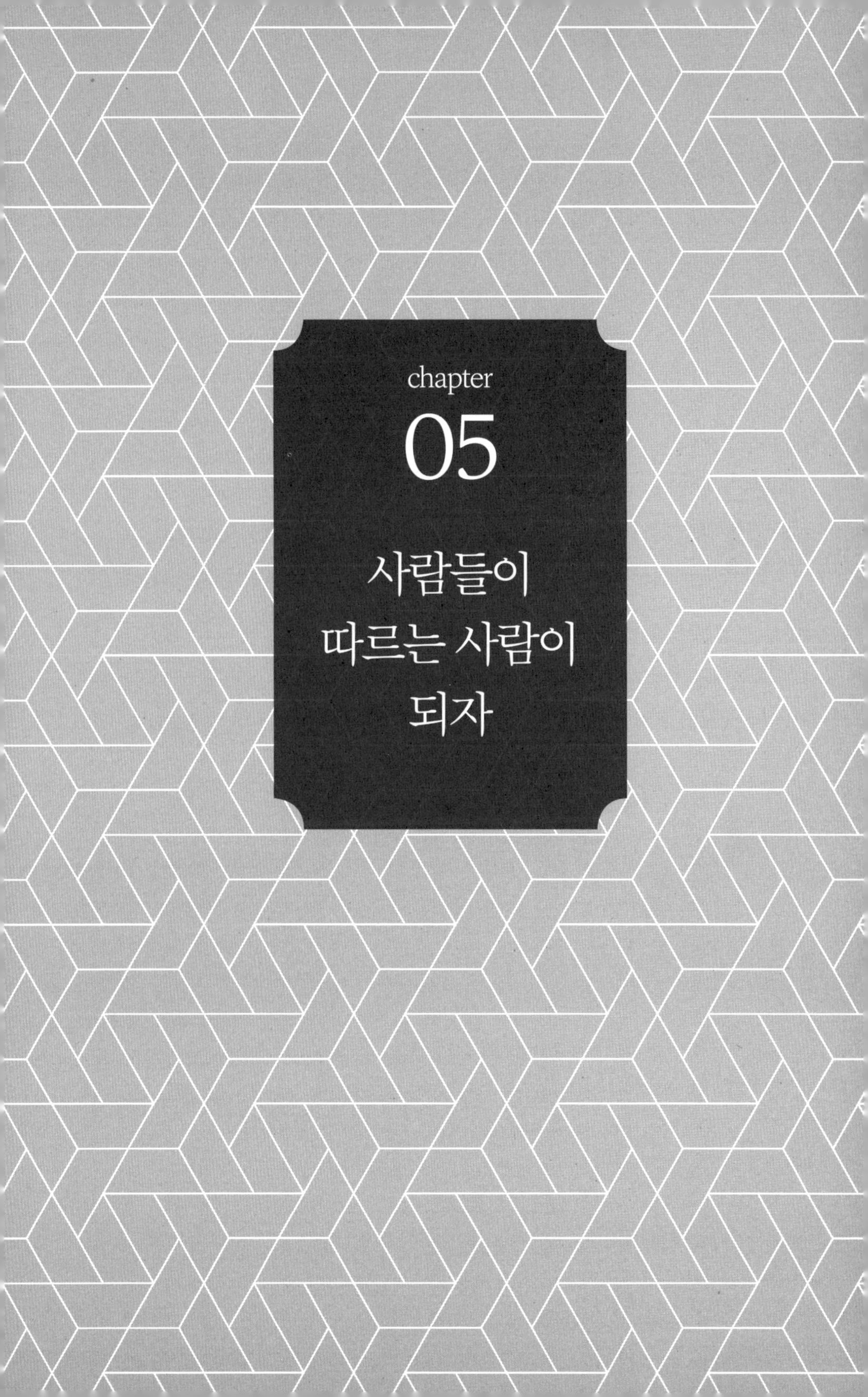

chapter
05

사람들이
따르는 사람이
되자

"갈릴리 해변에 다니시다가 두 형제 곧 베드로라 하는 시몬과 그 형제 안드레가 바다에 그물 던지는 것을 보시니 저희는 어부라 말씀하시되 나를 따라오너라 내가 너희로 사람을 낚는 어부가 되게 하리라 하시니 저희가 곧 그물을 버려 두고 예수를 좇으니라 거기서 더 가시다가 다른 두 형제 곧 세베대의 아들 야고보와 그 형제 요한이 그 부친 세베대와 한가지로 배에서 그물 깁는 것을 보시고 부르시니 저희가 곧 배와 부친을 버려 두고 예수를 좇으니라"(마 4:18-22).

사람이 따르지 않으면 무슨 목회가 되겠는가? 사람이 사람을 따르도록 해야 한다. 어떤 사람은 사람이 붙고 어떤 사람은 떨어진다. 사람이 떨어지는 사람이 되지 말고 붙는 사람이 되어야 한다. 입장을 바꿔서 생각하여 보라. 당신은 누구를 따르고 싶던가? 누구를 싫어하는가? 그 사람을 무슨 이유로 좋아하고 무슨 이유로 싫어하는가?

예수님은 사람들이 따랐다. 수천 명을 달고 다녔다. 어떻게 그랬을까? 순전히 능력 때문일까? 예수님께서 "나를 따르라"고 하면 왜 제자들은 따랐을까?

이상적으로 모든 사람들이 예수님을 따른 것은 아니다. 예수님이 싫은 사람들도 있었을 것이다. 이 문제에 관하여 우리는 사람과 사람 사이에 인력관계를 파악하여야 한다. 어떤 사람들은 서로 끌린다. 어떤 사람들은 서로 멀리한다. 어떤 사람은 좋아하는데 짝 사랑과 같은 꼴이 되고야 만다. 왜 그럴까?

우리는 인생을 살아가면서 부득이 하게 서로 헤어져야 할 때가 있다. 나는 좋아하지만 그 사람은 내가 싫어서 갈 수도 있다. 과감하게 이 사이를 꿰뚫고 100명의 성도들을 이끌어 내어야 한다.

사람들은 어떤 사람을 좋아하는 지를 내가 리스트를 만들어 보았다. 더 좋은 리스트를 만들어 보았으면 좋겠다.

1. 사람은 강한 사람에게 모여든다.

2. 사람은 이기적인 존재이다. 자기에게 유익을 줄 사람을 따라간다.

3. 사람은 사회적인 존재이다. 사람들이 모인 곳에 모인다.

4. 아는 것이 많은 사람에게 모인다.

5. 겸손한 사람에게 모인다.

6. 카리스마적 은혜가 있는 자에게 모인다.

7. 긍정적인 사람에게 모인다.

8. 기쁨의 사람에게 모인다.

9. 위로하고 격려하는 사람을 좋아한다.

10. 더 차원 높은 생각을 가지고 있는 사람을 좋아한다.

11. 욕심이 없고 순수한 사람을 좋아한다.

12. 원칙적인 사람을 좋아한다.

13. 형제같이 친밀한 사람을 좋아한다.

14. 사람은 보호해주는 자를 좋아한다.

15. 사람은 돈을 좋아한다. 돈을 벌도록 길을 열어주는 사람을 좋아한다.

처절한 사람이 되라

"야곱은 홀로 남았더니 어떤 사람이 날이 새도록 야곱과 씨름하다가 그 사람이 자기가 야곱을 이기지 못함을 보고 야곱의 환도뼈를 치매 야곱의 환도뼈가 그 사람과 씨름할 때에 위골되었더라 그 사람이 가로되 날이 새려하니 나로 가게 하라 야곱이 가로되 당신이 내게 축복하지 아니하면 가게 하지 아니하겠나이다 그 사람이 그에게 이르되 네 이름이 무엇이냐 그가 가로되 야곱이니이다 그 사람이 가로되 네 이름을 다시는 야곱이라 부를 것이 아니요 이스라엘이라 부를 것이니 이는 네가 하나님과 사람으로 더불어 겨루어 이기었음이니라 야곱이 청하여 가로되 당신의 이름을 고하소서 그 사람이 가로되 어찌 내 이름을 묻느냐 하고 거기서 야곱에게 축복한지라"(창 32: 24-29).

사람들은 소극적인 사람을 싫어한다. 적극적인 사람을 좋아한다. 무슨 일을 하든지 열심히 하고 긍정적인 사람을 사람들은 따르는 것이다. 아무리 사람이 좋아도 소극적인 사람 뒤에는 따르는 사람들이 없다.

근원적으로 소극적인 사람은 리더의 자격이 없다. 소극적이고 앞장서기를 싫어하고 열정이 없는 사람이 목회를 성공하고 싶으면 자기를 바꾸어야 한다. 설교 할 때 "당신은 할 수 있습니다"라고 하라. 처절하게 "할 수 있다"라고 해야 한다.

그래야 당신을 따라 오는 사람들이 생긴다. 정말 할 수 없다고 생각되는 사람에게는 거짓말로 말하지 말라. 처절하게 그 사람이 반드시 정상으로 되어야 하고 그렇게 되도록 죽으라고 기도하며 그 사람에게 용기를 줄 수 있다면 이미 그 관계는 성공적이다.

어떤 목사님이 섬기는 교회의 장로님의 어머니가 돌아가셨다. 장로님은 너무나 슬퍼하셨다. 장로님이 그렇게 슬퍼하는 것을 본 목사님은 엉엉 울면서 장로님의 어머니가 살아나도록 처절하게 기도하였다. 그리고 "살줄로 믿습니다"라고 하였다. 하지만 장로님의 어머니는 돌아가셨다.

그럼에도 불구하고 그 후 장로님은 목사님을 존경하였다. 마음과 마음의 만남이 이루어진 것이다. 이것은 사실보다 더 중요하다. 진실이냐 거짓이냐 보다 신실한 열정이 있느냐 없느냐가 더 중요한 것이다.

기도를 많이 하고 "당신은 앞으로 반드시 성공할 것입니다"라고 했다. 그런데 실패하였다 하더라고 그 분은 원망하지 않는다. 물론 그렇게 무리하게 거짓말이 되게 해서는 안 되겠지만 그렇게 긍정적인 사람이 되어야 한다는 것이다. 단순한 긍정의 수준을 넘어 처절한 수준이 되어야 한다. 처절한 사람이 되게 해달라고 기도해야 한다.

이타주의자가 되라

"무례히 행치 아니하며 자기의 유익을 구치 아니하며 성내지 아니하며 악한 것을 생각지 아니하며"(고전 13:5).

이기주의자를 좋아하는 사람은 아무도 없다. 이기주의자는 잘 풀리지 않는다. 하나님이 이 세상을 만드시고 운영하시는데 제일 방해가 되는 사람이 바로 이기주의자들이다.

이 세상에서 성공하는 사람들은 거의 모두 이타주의적 성향이 강한 사람들이다. 그렇지 못한 사람들도 혹 있다. 그러나 그 사람들은 시간이 얼마 남지 않았다. 이기주의자들은 마귀가 역사한다. 이타주의자들은 성령이 역사하는 것이다. 그러나 어설픈 이타주의자가 되지는 말라.

이기주의자는 뭘 모르는 자다. 이기주의자는 손해를 본다. 이기주의자는 천국에도 못가고, 자유를 누리지도 못하고, 사람들의 인정을 받지도 못하며 대인관계의 즐거움을 모른다. 결국에는 하나님도, 사람도 모르고 결국에는 자기 자신도 해롭게 한다.

그러나 남을 위해 사는 사람은 자기를 안다. 남도 인정한다. 대인관계가 좋다. 하나님도 안다. 나를 위하여 쓸 줄도 알고 하나님을 위해서 쓸 줄도 안다. 다른 사람들에게 베풀 줄 아니 사람들이 따른다.

이기주의자에게는 사람이 따르지 않는다. 이왕 이타주의자가 되려면 즐겁게 이타주의자가 되라. 하나님은 이타주의자이시다. 하나님의 영은 이타주의의 영이다.

나는 사람을 별로 좋아하지 않는 이상한 사람이었다. 그러나 하나님께 기도하고 성령이 충만하였을 때 하나님은 사람이 좋아보이게 만들어 주셨다. 사람이 좋다. 섬기는 것이 좋다. 내가 일을 해서 다른 사람이 즐거워하면 나는 좋다. 나는 행복하다. 내가 한 일이 보람이 없을 때

화가 난다. 그러나 나로 인하여 다른 사람이 행복하여 지고 죽을 사람이 산다면 나는 행복한 것이다.

엄마가 자기는 생선의 꽁지나 대가리를 잡수시고 자식에게는 가운데 토막을 주시면서 행복해하신다. 엄마가 나중에 대우를 받으려고 하시는 것이 아니다. 누가 이렇게 만들었나? 하나님의 작품이다.

나는 암환자들을 위하여 개똥쑥을 심었다. 개똥쑥은 청정지역에서 나는 것이 좋다. 그래서 청정지역에서 나는 것은 교인을 주고 나는 교회 부근에서 공해가 묻어 있을 가능성이 있는 것을 먹었다. 나는 행복한 목사다. '나도 모르게 이렇게 하고 있구나'라고 생각하면서 행복해 하였다.

수요일 아침에 나는 암 가능성이 있는 교인들에게 개똥쑥을 나눠주기 위해서 밭으로 간다. 거기서 일인분만 내 것을 따로 만들어 놓으면 좋은 것을 먹을 수 있다. 그러나 나는 좋은 것을 성도들에게 먹이는 것이 행복하다.

이러한 나의 모습은 설교에도 나타난다. 때로 오해도 있고 지나침도 있고 몰이해도 있다. 그러나 행복하다. 그것은 끝내 현상화되어서 사람을 따르게 한다. 사람도 많고, 교회도 많고, 목사들도 많다. 어떤 목사를 사람들은 따를까! 사람이 따르도록 노력하기만 해도 희망이 있다.

섬김을 즐거움으로 삼으라

"믿음의 주요 또 온전케 하시는 이인 예수를 바라보자 저는 그 앞에 있는 즐거움을 위하여 십자가를 참으사 부끄러움을 개의치 아니하시더니 하나님 보좌 우편에 앉으셨느니라"(히 12:2).

목회는 섬김이다. 목회는 돌봄이다. 살면서 너무 중요한 것을 놓치고 사는 사람들에게 소중한 것을 소중하게 여기고 살라고 가르쳐 주어 중요한 실수를 안 하게 하여 주는 것이다. 긴 생명이 중요함을 가르쳐 주는 것이다. 사람이 이 세상에서 그렇게 살려고 발버둥 치다가 죽고 난 다음 영원한 불에 들어가는 것은 우리의 가슴을 아프게 한다.

그들을 끝까지 믿게 하는 것이다. 교인들이 차가 없으면 차로 실어 주는 것을 너무 행복해 하라. 그렇지 않으면 어떻게 100명이 되겠는가! 작은 교회는 목사를 늘 가까운 데서 바라보고 있다. 목사가 즐겁게 섬기지 않는 것을 보면 교회에 나오고 싶겠는가? 성도들이 자기들을 섬기는 것을 너무 즐겁고 행복해 하는 목사를 보면서 어떻게 등을 돌릴 수 있겠는가? 이는 세상에서 있지 않는 일이다. 거기다가 사모님까지 섬기는 것이 재미있는 분이라면 금상첨화이다.

섬기는 것이 싫은 여자는 시집을 안 가는 것이다. 결혼도 하지 않고, 빨래도 하지 않고, 애도 낳지 않으면 행복한가? 왕이 행복한가? 백성이 행복한가? 이 기본적인 질문에서 우리는 벗어나야 한다.

주님은 섬기는 자가 큰 자라고 말씀하신다. 어떤 사람이 천국에 가서 자기 담임 목사님은 어디 계시냐고 예수님께 물었더니 "너의 목사는 짜장면 배달 갔다"라고 하셨다고 한다. 나는 이 이야기를 듣고 행복했다. '나도 천국 가서 짜장면 배달해야지'라는 생각이 들었다.

아산에서 개척에 성공한 목사님을 보았다. 상가 4층에서 개척해서 교회를 지어갔다. 하루는 그 목사님이 짜장면 집에서 설거지를 하고 계셨다. 나는 깜짝 놀라서 뭐 하시는 거냐고 하니 그 목사님이 즐거워하시면서 자기 교인 집이라고 했다. 그 정도면 100명은 아무것도 아니다. 그 목사님은 지금 200명 정도의 교회목회를 하고 있다.

높은 사람도, 돈 많은 사람도, 예쁜 여자도 별수 없다. 떵떵거려 봐야 별 수 없다. 주님의 마음을 본받아 재미있게 살다가 가는 것이다. 100명, 아무것도 아니다. 당신의 교회는 부흥할 것이다. 이 마음을 품으라.

따르지 않으려야 따르지 않을 수 없는 사람

"다윗이 사모하여 가로되 베들레헴 성문 곁 우물물을 누가 나로 마시게 할꼬 하매 이 세 사람이 블레셋 사람의 군대를 충돌하고 지나가서 베들레헴 성문 곁 우물 물을 길어 가지고 다윗에게로 왔으나 다윗이 마시기를 기뻐 아니하고 그 물을 여호와께 부어 드리고 가로되 내 하나님이여 내가 결단코 이런 일을 하지 아니하리이다 생명을 돌아보지 아니하고 갔던 사람들의 피를 어찌 마시리이까 하고 마시기를 즐겨 아니하니라 세 용사가 이런 일을 행하였더라"(대상 11:17-19).

어떤 사람은 사람이 따른다. 이 주제로 생각하여 보라. 어떤 사람을 사람이 따르느냐 말이다. 개척교회 한다고 하면 사람들은 한 번씩 와본다. 그러면서 조용히 다른 곳으로 또 가본다.

너무 어렵게 생각하지 말자. 사람은 어리석게도 이기적인 존재이다. 우리는 이기적인 존재가 되면 안 되지만 사람들은 이기적인 존재이다. 자기에게 이득이 되면 온다. 자기에게 이득이 안 되면 간다. 꼭 돈이라고 생각하지 말자. 돈도 문제가 되긴 된다. 자기 물질에 손해가 되면 교회를 떠날 수도 있다. 교회에 와서 돈이 자꾸 나가면 성도들은 교회를 나갈 수도 있다는 것을 생각하라.

그러나 여기서 말하는 것은 그것이 아니다. 교회는 돈과 그 이상의 것을 추구한다. 영의 소중함을 교회에 한번쯤 나오는 자들은 다 생각한다. 정신적인 것을 한번쯤 다 생각한다. 그들의 영에, 정신적 삶에 반드시 도움을 주는 목사라면 따르는 것이다.

성도들에게는 영적인, 정신적인, 안정감의 그리고 희망에 대한 요구(need)가 있다. 그 요구(need)에 필요한 목사가 되어 주어야 한다. 사람들의 요구(need)는 동일하지 않다. 실존적인 욕구가 있고 이상적인 요구도 있을 것이다.

쉽게 넘을 것 같지만 쉽게 넘지 못하는 것이 사람이다. 꼭대기까지 가면 행복할 것 같지만 거기서도 사람은 여전히 문제의 존재이다. 이 모든 문제에 대하여 목회자는 답을 주어야 한다. 실존에서 이상까지 당신은 필요한 존재가 되라. 그러면 그들은 목회자를 버리지 않을 것이다.

좋은 기운을 가지고 있는 사람, 웃는 사람

"선한 사람은 그 쌓은 선에서 선한 것을 내고 악한 사람은 그 쌓은 악에서 악한 것을 내느니라"(마 12:35).

사람은 기운을 가지고 있다. 우울한 기운을 가진 사람이 있고 기쁨의 기운을 항상 가지고 있는 사람도 있다. 늘 심각한 분위기만 가지고 있는 사람도 있다. 우울한 기운을 갖고 있는 사람과 자주 만나면 어떻게 되겠는가? 우울한 사람은 그 기운을 퍼트릴 수 있다. 우울을 퍼트리면 안 된다. 우울한 사람에게 교인들이 모이지 않는다.

기쁨을 가지고 있어야 한다. 행복을 가지고 있는 사람이어야 한다. 행복의 기운을 전해주는 사람이 바로 목회자이다. 목회자는 재수있는 사람이 되어야 한다. 좋은 기운을 가지고 있는 사람이어야 한다.

목회자가 만나고 난 다음 그 사람은 삶을 선택하여야 한다. 목회자가 가면 식당에 사람들이 많이 모여야 한다. 목회자가 가도 그 다음부터 식당에 사람들이 와야 한다. 물론 그렇지 않을 수도 있다. 그러나 말과 표정이, 사람들이 따르고 모이게 할 수 있어야 한다. 그 기운이 그러하여야 한다. 목회자와 자주 만나면 일이 풀려야 한다. 일이 풀리지 않는 기운을 가지고 있어서는 안 된다. 그런 것은 금식하면서 씻어야 한다.

만물의 주인 되시는 하나님이 목회자의 심령을 완전히 주도 할 때 이런 밝은 기운이 일어난다. 우연이 아니다. 하나님이 주인 되심이 다른 사람에게 흘러가야 한다. 하나님은 우리를 사랑하신다. 얼마나 그 사랑이 크겠는가? 그 큰 사랑이 내 안에 있어야 하고 만나는 사람들에게 그 기운이 흘러가게 해야 한다. 깊은 기도를 통하여 예수가 완전히 주인 되게 해야 하는 것이다.

웃음을 머금은 자가 되어야 한다. 이미 주님은 우리와 함께 하신다. 주님은 우리에게 진노하시는 분이 아니시다. 그럴 수 있다고 생각하지 말라. 하나님을 진노의 하나님으로 생각하면 그것은 율법을 믿는 것이다.

하나님은 우리가 잘못할 때 안타깝게 여기시며 사랑하시고, 우리가 잘할 때에는 기쁨으로 우리를 사랑하시는 분이시다. 우리를 사랑하시면 되지 않는가! 하나님의 기쁨을 의식하라. 하나님은 대부분의 시간을 기쁨으로 우리를 바라보신다. 그 얼굴을 늘 의식하면서 사는 것이다. 정말로 그렇게 믿는 것이다. 그것이 우리의 기운이고, 간판이고, 믿음이다.

우는 사람

"저희는 눈물 골짜기로 통행할 때에 그 곳으로 많은 샘의 곳이 되게 하며 이른 비도 은택을 입히나이다"(시 84:6).

나도 목회를 처음 시작할 때는 무엇을 제대로 알기나 했나 하는 심정이다. 하지만 최선을 다하면 되는 것이지 완벽해야 하는 것은 아니다. 한 60%하면 되리라고 생각한다. 그러면 100명 되는 것이다. 그러나 처음부터 60%로 목표를 잡으면 안 된다. 100%로 목표를 잡아도 막상 해보면 잘 안 되는 것이 사람이다. 60% 밖에 안 된다. 그런 채로 100명 되게 해 주신다.

그 이유는 우리 인생이 원래 이기적인 존재요, 땅의 것을 바라보는 존재이지 신령한 하늘의 것으로 즐거워하는 존재가 아니기 때문이다. 그래도 우리는 하늘을 바라보고 살아야 하는 것이다. 땅의 것은 결국에는 사람을 실망시킬 뿐이다. 더디고 힘들고 쉽지 않지만 우리를 사람답게 만들고 진정으로 행복하게 하는 것은 하나님뿐이다. 그러하기에 우리는 목회를 하는 것이다.

다 갖추어지지 않는 사람이 목회를 시작하였지만 하나님이 인도하시는 목회 가운데 목회자도 은혜 받고, 깜짝 놀라는 목회의 비결을 가르쳐 주려는 것이지 "이렇게 하면 된다. 그렇게 하면 안 된다"는 것을 말하는 것이 아니다. 그런 자격을 다 갖춘 사람은 거의 없다. 기도하고 눈물을 흘리며 목회하는 가운데 하나님이 깨닫게 하여 주시고 그런 마음을 주셔서 감사하며 목회를 하는 것이다.

사람은 모두 공통점이 있다. 웬만큼 나쁜 사람도 동정심이 있다. 우는 사람을 뒤로 하고 도망가기는 쉽지 않다. 작은 공동체일 경우는 더욱 그렇다. 작은 공동체의 경우는 단점이 맨날 목사는 교인들 앞에서 진실을 보여주어야 하는데 있다. 그러나 이것이 장점도 될 수 있다.

작은 교회 목사가 큰 교회 목사만큼 다 보여 줄 수 있는 것이 많다면 좋겠지만 그렇지 못할 경우도 많다. 그러나 진실을 보여 줄 수 있고, 그 진실이 통한다는 것이다.

교회 일이 항상 이상적으로만 되지 않는 법이다. 정말 돈이 필요하다. 그런데 돈은 없고 교인들은 헌금 낼 생각을 안 한다고 해서 교인들에게 돈 내라고 하면 교인들은 도망 갈 가능성이 많다. 그런 순간에 모든 국회의원이 하듯이 맞장 토론을 할 수도 없다. 그럴 경우 목회자는 토론하는 것이 아니다. 목회자는 말로서 해결하는 것이 아니라 눈물로 하는 것이다. 무릎으로 하는 것이다. 그것에 대하여 직접 말하지 않는 것이다.

이자익 목사라는 분이 총회장을 세 번이나 했다. 그는 원래 마부였다. 얼마나 성실하고 인격이 훌륭한 마부였던지 그는 주인과 같이 장로 선거에 임하게 되었으나 주인보다 먼저 장로로 피택되었다. 주인도 훌륭한 사람이었다. 그는 마부 이자익이 훌륭한 종임을 깨닫고 신학공부를 하게하고 목사가 되도록 밀어 주었다.

그 주인은 나중에 장로가 되었고 이자익 목사에게 밀어줄 터이니 시골을 떠나지 말고 계속 시무해 줄 것을 조건으로 내 걸었다. 이자익 목사는 그 조건을 수락하였고 나중에는 전국적으로 유명한 사람이 되고 이승만 대통령으로부터 문교부 장관이 되어 달라고 부탁을 받았지만 거절하고 약속을 지켰다.

그 이자익 목사가 대전신학대학교를 설립하신 분이시다. 대전신학대학교 총장실에는 이자직의 목회방침이 글로 쓰여 있다. "눈물목회, 무릎목회, 침묵목회"라는 글귀였다. 나는 이 글을 읽고 전선에 감전된 것처럼 감동되었다. 이것이 목회자의 길이다. 나중에 교회가 커져 내가 변명을 해야 되고 나의 마음을 알지 못하는 사람들이 이 말, 저 말을 할 때 '마음과 마음, 눈물과 눈물이 통하는 것이 얼마나 좋겠는가!' 라고 생각했다.

눈물은 언어이다. 통곡은 언어이다. 하나님 앞에 통곡하는 모습을 보여주어야 한다. 말 못할 사정을 눈물로 아뢰고, 괴로움과 고통을 눈물로 아뢰는 것이다. 눈물 목회, 기도 목회가 정상인 것이다. 소형교회에서 전도로 교회가 부흥되는 것이 아니다. 눈물로 교회가 부흥되는 것이다. 변명으로 부흥되는 것이 아니다. 침묵으로, 사랑으로 눈물을 글썽이면서 교회를 부흥시키는 것이다. 교인과 맞대응하지 말라. 교인이 그러하기에 목사가 있는 것이다.

투명한 사람, 순수의 사람

"믿음과 착한 양심을 가지라 어떤 이들이 이 양심을 버렸고 그 믿음에 관하여는 파선하였느니라"(딤전 1:19).

성도가 작을 때 목사는 투명한 사람이 되어야 한다. 투명하여 해석이 가능해야 한다. '우리 목사님은 이렇게 생각하고 계실거야'라고 추리가 가능해야 한다. 그래야 믿고 따를 수 있는 것이다. 말로서 투명을 증명해야 하는 것은 아니다. 마음에 욕심이 없어서 따르고 싶은 사람이 되어야 한다. 그 앞에 서면 성도들의 마음이 부끄러워지는 사람이 되어야 한다.

그렇다고 해서 돈 욕심도, 부흥에 대한 욕심도 없는 상황을 말하는 것이 아니다. 그보다는 하나님 중심이 분명한 사람이 되는 것이다. 예수 중심의 사람이 되는 것이다. 기도 중심의 사람이 되는 것이다. 기도를 통하지 않고는 세상의 것을 탐내지 않는 것이다.

오히려 이런 사람이 더 욕심이 많을지도 모르겠다. 사사로운 욕심을 버리는 것이다. 사심을 버리는 것이다. 이런 사람에게 사람들이 따르는 것이다. 이런 순수성에 대하여 오해를 받지 않으면 그 교회는 100명을 훌쩍 넘는다. "우리 목사님 순수해. 우리 목사님 무공해야"라고 성도들이 말할 수 있는 것은 작은 공동체에서 서로 얼굴과 얼굴을 맞대고 있을 때에 가능한 것이다. 작은 교회 때는 친구도 나와 준다. 친척도 나와 준다. 나와 준 사람들을 감동시키는 목회가 되어야 한다. 성도들과 감동의 끈으로 연결되어야 한다.

마음이 넓은 사람

"내가 자녀에게 말하듯 하노니 보답하는 양으로 너희도 마음을 넓히라"(고후 6:13).

개척교회에 별사람이 다 올 것이다. 그 사람들의 생각과 철학을 상상하여 보라. "당신 어떤 사람이지요?"라고 물을 수는 없다. 그러나 우리는 추리할 수 있다. 교회에 온 그 사람은 상상도 못할 사람일 수도 있다. 그 사람이 도둑놈, 강간범, 치사한 사람일 수 있다. 하나님이 세상을 이처럼 사랑하사 독생자를 주신 것은 그들을 위하여 주신 것이다.

그들을 향하여 전적인 신뢰를 줄 수는 없다. 그렇지만 그들을 향한 주님의 사랑은 보여주어야 한다. 그들을 향한 주님의 마음은 보여주어야 한다. 그들의 인간성 깊은 곳까지 변하지 않을 수 있다. 그러나 그들이 당신의 사랑에 취하게 만들라.

오히려 그들이 목회자를 동정하게 만들고 하나님께 자신을 바치게 만들라. 그들로 봉사하게 만들고, 울게 만들고, 우리는 다 죄인임을 가르쳐 주고 회개하게 만들라.

그들이 그런 척 할 뿐일지라도 그것은 공헌이 된다. 그들은 백 단계에서 일 단계만 변하였다 할지라도 하나님이 기뻐하시는 것이다. 조세형 대도가 회개한다고 해놓고 다시 죄를 짓고 할지라도 그를 긍휼히 여겨야 하는 것이다. 다시 잡혀 간다고 할지라도 그를 미워하지 말아야 한다. 그런 넓은 마음을 가진 사람을 버리기가 힘들 것이다. 무엇이든지 다 받아 줄 것 같은 마음 말이다.

예수에게 미친 사람

"아그립바가 바울에게 이르되 네가 적은 말로 나를 권하여 그리스도인이 되게 하려 하는도다"(행 26: 8).

사람은 다 한번 미치고 싶은 성정이 있다고 생각한다. 바울은 예수에게 미쳤다. 그래서 복음을 전하다가 감옥에 갇혔다. 예수에게 미친 바울에게 베스도 총독은 마음이 휘청거렸다. 마음이 움직인 것이다. 그래서 "적은 말로 나를 그리스도인이 되게 하는도다"라고 하였다.

예수에게 미친 말은 사람에게 들리는 것이다. 반드시 들린다. 듣지 않으려야 듣지 않을 수 없는 말이다. 사람으로 태어나서 이단에게 미친 사람도 있다. 잘못된 곳에 미치는 것이 이상하게 싫어서 아무 곳에도 미치지 못하는 사람이 있다. 여자에게 속아서 평생 여자에게 한번 미치지 못하는 남자는 불쌍한 것이다. 우리는 예수님에게 미쳐야 한다. 하나님의 아들 예수에게 미치지 않는 그런 가슴을 가지지 말아야 한다.

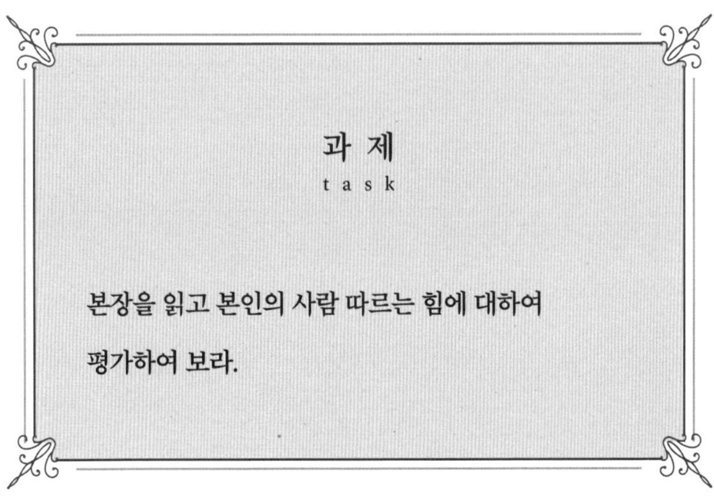

반드시 부흥할 수 있습니다

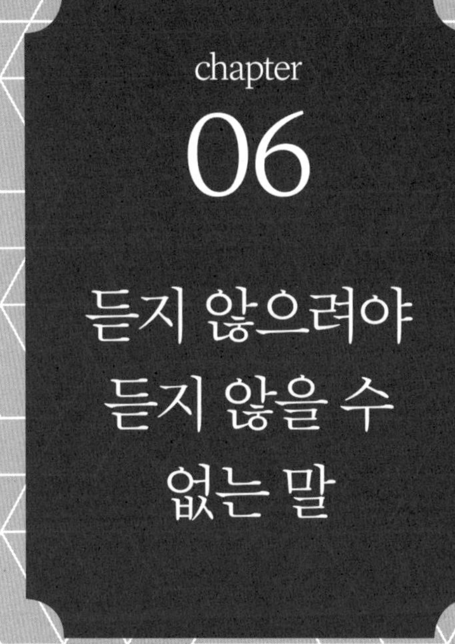

chapter
06

듣지 않으려야
듣지 않을 수
없는 말

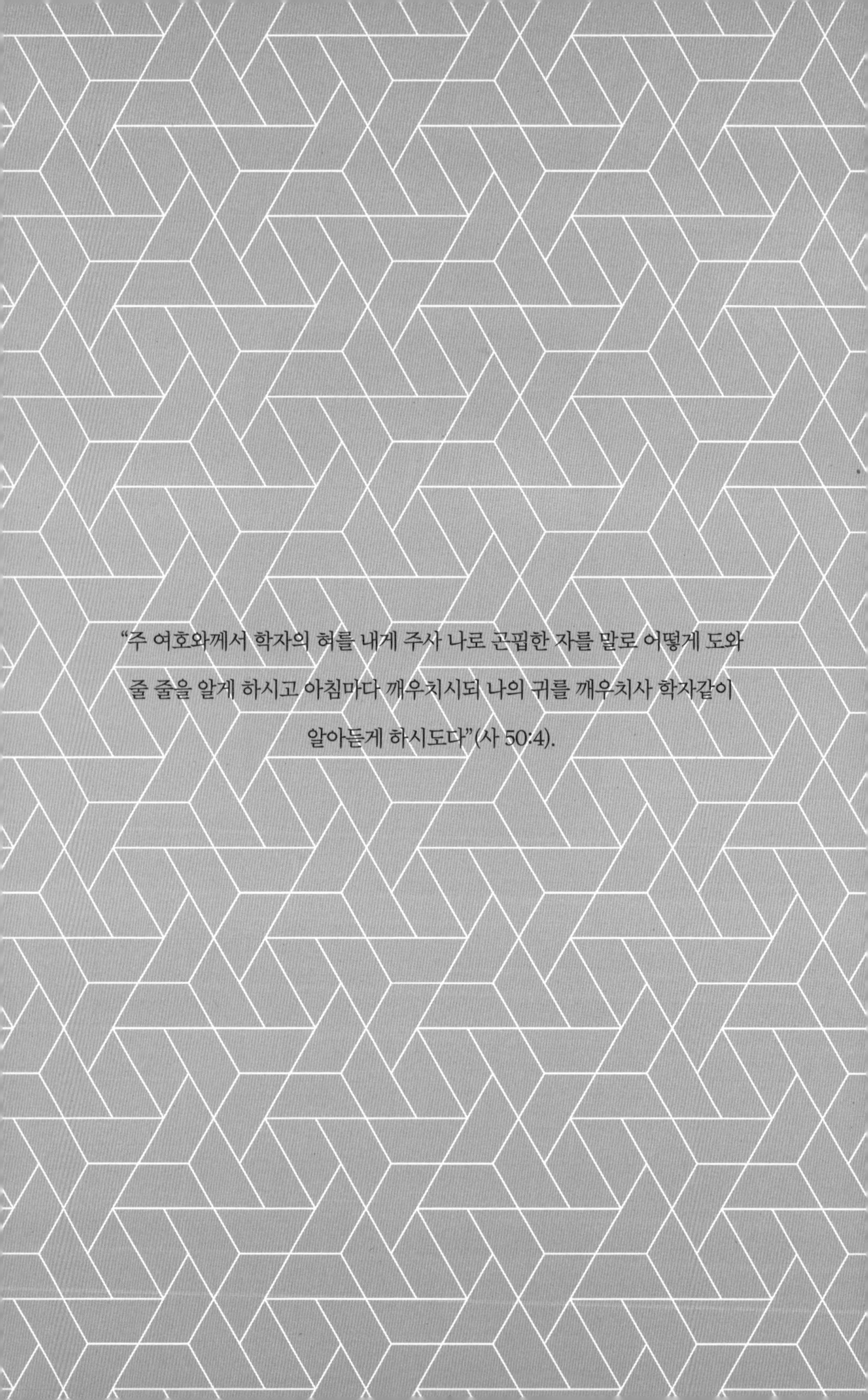
"주 여호와께서 학자의 혀를 내게 주사 나로 곤핍한 자를 말로 어떻게 도와 줄 줄을 알게 하시고 아침마다 깨우치시되 나의 귀를 깨우치사 학자같이 알아듣게 하시도다"(사 50:4).

사람은 아무 말이나 해서는 안 된다. 듣지 않으려야 듣지 않을 수 없는 말을 하려고 하라. 이것이 쉽지 않지만 아무 말이나 들은 둥 마는 둥한 말을 하지 말라. 말은 사람의 인격이다.

성령이 역사하는 말

"다윗이 성령에 감동하여 친히 말하되 주께서 내 주께 이르시되 내가 네 원수를 네 발 아래 둘 때까지 내 우편에 앉았으라 하셨도다 하였느니라"(막 12:36).

성령의 역사가 말의 필수적인 요소이다. 악령이 역사하는 말도 있다. 기도하고 하는 말, 자기를 높이지 않고 하나님을 높이는 말은 성령이 역사하는 말이다. 겸손한 말, 진실하게 자신의 죄성을 인정하는 말은 성령이 역사하는 말이다.

성령이 역사하는 말은 사랑의 말, 진실의 말, 다른 사람을 진실로 이롭게 하는 말, 복음의 말, 축복의 말, 하나님을 높이는 말, 거룩한 자존감의 말 등이다. 자기를 높이는 말, 남을 미워하는 말, 다른 사람을 해코지하는 말, 저주의 말에는 악령이 역사한다.

진실한 말

"예수께서 대답하시되 진실로 진실로 네게 이르노니 사람이 물과 성령으로 나지 아니하면 하나님 나라에 들어갈 수 없느니라"(요 3:5).

사실(fact)을 분명히 인정하는 말은 진실한 말이다. 사실(fact)을 왜곡시키는 말은 결국에는 오염의 말이 된다. 세상의 사람들이 많은 말을 하지만 진실하지 않는 말은 하지 않는 것이 좋다.

바울은 진실한 생각과 말로서 베스도나 아그립바 왕 같은 사람도 설득시키고자 했다. 진실이 통하지 않는 사람의 관계도 있다. 화가 났을 때는 자기 주관에 잡혀있게 된다. 그러나 진실은 통한다고 믿으라.

정치인들은 당리당략에 따라서 진실하기도 하고 진실하지 못한 것을 말하기도 하는 것 같다. 그것은 잘못된 것이다. 그러나 그들도 사석에서는 진실을 이야기 한다고 한다. 진실을 잃으면 그것은 죽음이다. 진실을 떠난 자는 죽은 것이다. 이 세상에는 없는 것이다. 이미 송장이다. 무서운 것은 진실이다. 사람이 죽고 죄에 대한 대가를 지불해야 하는 것은 무서운 진실이다. 예수의 십자가의 은총을 입지 않는 자는 처벌을 받아 지옥으로 간다는 것이 무서운 진실이다. 진실하지 않으면 목회자가 될 수 없다. 진실 하나로 목회자가 눈물을 흘리며 넘지 못할 고통의 담도 넘어갈 수 있다. 그래서 우리는 진실한 말을 하고 살아야 한다. 그렇다고 해서 사실이 바로 진실은 아니다. 사실을 편집하는 의도와 목적이 진실이어야 한다.

익숙하지 않는 말

"이제는 우리가 얽매였던 것에 대하여 죽었으므로 율법에서 벗어 났으니 이러므로 우리가 영의 새로운 것으로 섬길 것이요 의문의 묵은 것으로 아니할찌니라"(롬 7:6).

판에 박은 상투적인 말은 잘 들리지 않는다. 상투적인 목소리와 내 용으로 전하면 짜증스럽다. 목회자가 공부를 많이 해야 한다는 것은 결 국에는 판에 박힌 말을 하지 않기 위해서이다. 사건을 다양하게, 감정 의 표현도 풍부하고 새롭게 표현하기 위해서 공부가 필요한 것이다.

목회자들이 박사학위를 받으려고 하는 것을 비판하는 사람들도 있지만 박사학위는 나쁜 것이 아니다. 피가 튕기게 토론하고, 상상도 못하는 방법으로 문제에 접근하고, 수도 없이 다양한 생각으로 말하 며 연구하는 것을 보면서 박사학위는 정말 필요한 것이라고 생각해 보 았다. 그러나 박사학위를 가지지 않아도 새롭게 느껴지게 말하는 것 이 필요하다.

눈물의 말

"내가 큰 환난과 애통한 마음이 있어 많은 눈물로 너희에게 썼노니 이는 너희로 근심하게 하려 한 것이 아니요 오직 내가 너희를 향하여 넘치는 사랑이 있음을 너희로 알게 하려 함이라"(고후 2:4).

유식한 이야기도 한계가 있다. 사람이 악해지면 시들시들한 법이다. 사람의 귀는 감성적으로 말하는 것에 약하다. 남자가 울면서 하는 말, 눈물을 글썽이면서 하는 말에 사람들은 무너져 내린다.

기도로 충분히 준비하면 설교할 때 눈물이 난다. 김삼환 목사는 설교 할 때 거의 눈물을 흘린다고 한다. 종지기를 하고 교회에서 4번이나 쫓겨 다니다가 그렇게 큰 교회를 이루었으니 얼마나 감사하겠는가! 생각하는 수준을 높이고 낮추면 인생의 모든 것이 감격인 것이다.

가정적 말

"왕의 마음이 심히 아파 문루로 올라가서 우니라 저가 올라갈 때에 말하기를 내 아들 압살롬아 내 아들 내 아들 압살롬아 내가 너를 대신하여 죽었다면, 압살롬 내 아들아 내 아들아 하였더라"(삼하 18:33).

문제가 좀 있을 수 있지만 목회자가 자식이나 손자 이야기 등 가정의 이야기를 하면 사람들은 듣는다. 잘 듣는다고 다 좋은 효과를 낳는 것은 아니지만 모두 이해 할 수 있는 이야기임에는 틀림없다.

평범하고 감동적인 이야기를 통해서 복음은 성도들에게 들릴 수 있게 다시 옷을 입어야 한다. 그러나 가정 이야기라고 해서 모두 공감

하는 것은 아니다. 가정 이야기라도 참신하고 복음적 요소를 겸하고 있어야 한다.

주부들이나 남자 성도들이 공감할 수 있는 이야기를 하는 것이 좋다. 그러기 위하여 성도들과 평소 대화가 필요하다. 가정의 고민, 자녀 교육의 고민 그리고 부부간의 문제와 관심이 무엇인지를 알아야 한다.

현실성이 있는 말

"헛된 것을 더하게 하는 많은 일이 있나니 사람에게 무엇이 유익하랴"(전 6:11).

현실성을 생각하여 보아야 한다. 현실성이 없는 뜬 구름 같은 이야기는 성도들에게 들리지 않는다. 이야기의 소재와 현실을 연결시켜서 이해하기 좋게, 교훈이 되게 해야 한다. 현실적으로 말이 되어야 한다. 경우에 맞아야 한다는 것이다.

논리성이 있는 말

"경우에 합당한 말은 아로새긴 은쟁반에 금사과니라"(잠 25:11).

"첫째, 둘째, 셋째…"라고 논리적인 방식으로 말하면 논리적인 사람들의 입장에서는 훨씬 좋다. 좀 논리적이어서 짜증스럽기는 하겠지만 남자들은 논리적인 설교를 좋아한다.

직접 경험한 이야기

"또 모든 회당에서 여러 번 형벌하여 강제로 모독하는 말을 하게 하고 그들에 대하여 심히 격분하여 외국 성에까지 가서 박해하였고 그 일로 대제사장들의 권한과 위임을 받고 다메섹으로 갔나이다 왕이여 정오가 되어 길에서 보니 하늘로부터 해보다 더 밝은 빛이 나와 내 동행들을 둘러 비추는지라 우리가 다 땅에 엎드러지매 내가 소리를 들으니 히브리 말로 이르되 사울아 사울아 네가 어찌하여 나를 박해하느냐 가시채를 뒷발질하기가 네게 고생이니라 내가 대답하되 주님 누구시니이까 주께서 이르시되 나는 네가 박해하는 예수라"(행 26:11-15).

직접 경험하고 하는 말과 하지 않고 하는 말에는 차이가 있다. 직접 경험하고도 현실성이 있게 말을 못하는 사람도 많다. 말을 할 때에 현장감이 있게 말하는 법을 배워야 할 것이다. 재미없게 말하는 사람들이 많기 때문이다.

웃으면서 재미있게 하는 말

"예루살렘을 사랑하는 자여 다 그와 함께 기뻐하라 다 그와 함께 즐거워하라 그를 위하여 슬퍼하는 자여 다 그의 기쁨을 인하여 그와 함께 기뻐하라"(사 66:10).

웃으면서 재미있게 이야기하는 법을 자꾸 개발해야 한다. 나는 별로 그런 재주가 없다. 그래서 여기에 쓰여 있는 데로 60%만 해도 100명은 된다. 부디 포기하시지 마시고 그대로 한번 해보기를 원한다.

민경배 교수님의 제자 중에 웃기는 사람이 있었다. 연세대학교 연합신학대학원에서 그는 늘 사람들을 웃기려고 힘을 썼다. 후에 그는 미국에 가서 목회를 하였다. 그가 한번 초청하여 갔더니 미국에서 큰 목회를 하고 있었다.

영적인 일은 참 심각한 일 뿐이다. 그런데 심각한 일만 해서 어떻게 사람이 견딜 수 있겠는가! 웃기기도 할 줄을 알아야 한다.

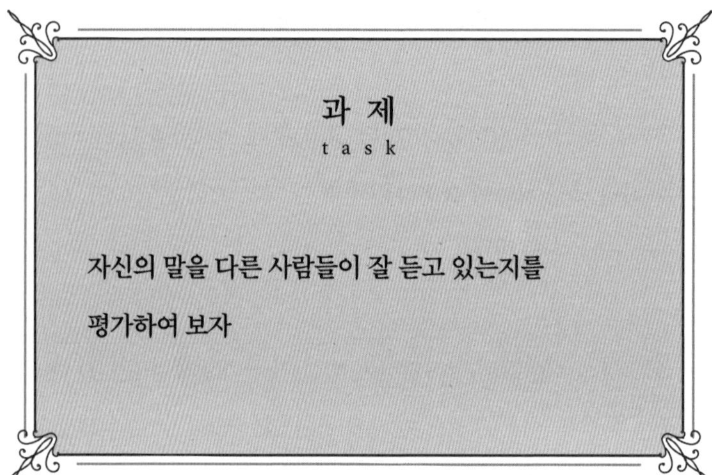
과 제
t a s k

자신의 말을 다른 사람들이 잘 듣고 있는지를

평가하여 보자

chapter
07

모자라는 사람을
모으자

"다윗에게 있는 용사의 수효가 이러하니라 학몬 사람의 아들 야소브암은

삼십 명의 우두머리라 그가 창을 들어 한꺼번에 삼백 명을 죽였고 그

다음은 아호아 사람 도도의 아들 엘르아살이니 세 용사 중 하나이라 그가

바스담밈에서 다윗과 함께 있었더니 블레셋 사람들이 그 곳에 모여와서

치니 거기에 보리가 많이 난 밭이 있더라 백성들이 블레셋 사람들 앞에서

도망하되 그가 그 밭 가운데에 서서 그 밭을 보호하여 블레셋 사람들을

죽였으니 여호와께서 큰 구원으로 구원하심이었더라"(대상 11:11-14).

착한 사람도 있고 성질이 못된 사람도 있다. 하지만 착해 보이는 사람이 있고 못되게 보이는 사람이 있을 뿐이다. 성질이 못되게 보이는 사람들 중에 분명한 사람이 많다. 성질이 못되게 보이는 사람 중에서 정말 못된 사람도 있다. 그런 사람들의 칼에 베일 수도 있다.

그러나 못된 사람을 무서워하는 사람은 목회 할 수 없다. 기도를 열심히 하면 못된 사람이 싫지 않다. 못되거나 모자라는 사람이 어떻게 좋은지를 살펴보자.

성격이 모난 사람

"요압의 아우 아비새는 그 세 명 중 우두머리라 그가 창을 휘둘러 삼백 명을 죽이고 그 세 명 가운데에 이름을 얻었으니 그는 둘째 세 명 가운데에 가장 뛰어나 그들의 우두머리가 되었으나 첫째 세 명에게는 미치지 못하니라 갑스엘 용사의 손자 여호야다의 아들 브나야는 용감한 사람이라 그가 모압 아리엘의 아들 둘을 죽였고 또 눈 올 때에 함정에 내려가서 사자 한 마리를 죽였으며 또 키가 큰 애굽 사람을 죽였는데 그 사람의 키가 다섯 규빗이요 그 손에 든 창이 베틀채 같으나 그가 막대기를 가지고 내려가서 그 애굽 사람의 손에서 창을 빼앗아 그 창으로 죽였더라"(대상 11:20-23).

성격이 못된 사람은 모난 사람일 가능성이 많다. 그러나 모든 사람은 자기 논리가 있다. 생각하는 바가 분명할 가능성이 많다. 그런 사람의 사고방식을 추정하여 그 사람의 전부를 한번 구성하여 보자.

그 성도의 물질관, 교역자관, 인생관은 무엇인가를 살펴보아야 한다. 어떤 상처와 고통을 당하고 있는가를 추정하여 보고 그 사람을 복음으로 시정하고 같이 기도하면 상당히 좋아 질 가능성이 있는 사람이다. 그는 개척교회에 딱 필요한 사람이 될 수 있다.

성격이 모난 사람의 마음을 누가 알아주겠는가? 성격이 모난 사람의 그 아픔을 누가 알아주겠는가? 대형교회 목사는 알아주지 않는다. 알아주고 이해해 줄 시간이 없다. 작은 교회 목사는 그 사람의 진심을 품어 줄 수 있다.

나는 성격이 모난 사람을 목회하였다. 아무도 받아주지 않는 성격이 모난 사람을 알아주면 그는 헌금도 잘한다. 모난 사람은 자기주관성이 강하고 이기성도 있다. 그런 점을 활용하는 것이다. 교회에 문제가 발생하면 착한 사람들은 다 도망한다. 그러나 성질이 못되고 모난 사람들은 남아서 항전할 가능성이 많다.

사업이 부도난 사람

"야곱은 홀로 남았더니 어떤 사람이 날이 새도록 야곱과 씨름하다가 자기가 야곱을 이기지 못함을 보고 그가 야곱의 허벅지 관절을 치매 야곱의 허벅지 관절이 그 사람과 씨름할 때에 어긋났더라 그가 이르되 날이 새려하니 나로 가게 하라 야곱이 이르되 당신이 내게 축복하지 아니하면 가게 하지 아니하겠나이다"(창 32:24-26).

부도가 난 사람은 어디에도 갈 곳이 없다. 부도가 난 장로는 섬기던 교회에 못 다닌다는 사실을 알고 있는가? 얼마나 마음이 힘들 것인지 생각하여 보자. 그러나 부도 난 사람은 알고 보면 아무것도 안한 사람보다 능력이 있을 가능성이 있다. 부도 난 사람이 다시 부도 날 가능성도 많다. 한번 실패한 사람은 다시 실패할 가능성도 있다. 하지만 다시 한 번 생각하여 보자.

실패 할 요소가 성격상으로도 많고 영적으로도 있을지도 모르겠다. 그럼에도 불구하고 그런 성도가 평범한 성도보다 공헌할 가능성이 많다. 그런 성도가 기도를 열심히 하면 성공할 가능성이 많다. 엄청난 부채를 지고 죽고 싶은 사람도 많겠지만 충실한 교인이 될 가능성이 있는 것이다.

그런 성도가 100명이 될 때까지 교회에서 버티어줄 수 있는 것이다. 돈도 써본 사람이 쓰지, 써보지 않은 사람은 헌금하지 않을 가능성이 많다. 재정에도 도움이 될 수 있을 것이다. 물론 위험성도 있다. 돈을 빌려 달라고 할 가능성이 있다. 하지만 교회에서 돈 빌려주는 것은 일절 금해야 한다.

화 많이 내는 사람

"또 세베대의 아들 야고보와 야고보의 형제 요한이니 이 둘에게는 보아너게 곧 우레의 아들이란 이름을 더하셨으며"(막 3:17).

화를 많이 내는 사람은 다혈질이다. 베드로 같은 사람이다. 이러한 사람은 바로 100명 교회가 되는데 공헌을 크게 할 사람이다. 화가 많은 사람은 헌금을 잘 할 수 있다. 곰곰이 생각하지 않기 때문이다. 자기 일을 이렇게 저렇게 생각하는 사람은 헌금하지 못한다. 이런 분을 잘 관리하면 교회에서 일도 잘하고 충성스러운 성도가 될 수 있다. 화 안 내고 신중한 사람보다 더 나을 수 있다. 신중한 사람보다 이기심이 덜 할 수 있다.

교만한 사람

"예수께서 나다나엘이 자기에게 오는 것을 보시고 그를 가리켜 가라사대 보라 이는 참 이스라엘 사람이라 그 속에 간사한 것이 없도다"(요 1:47).

마음이 교만한 사람은 교회에서 잘 인정받지 못한다. 그러나 교만한 사람은 교만 할거리가 있어서 교만하다. 그 잘난 것을 알아주기를 바라는 것이다. 그렇다고 덥석 알아주면 싫어하는 교만까지 있다. 방법은 지식이 아니고 진실이고 성실이고 사랑이다. 그래서 교만한 사람은 자기가 가지지 못한 것을 가진 사람에게 무릎을 꿇을 것이다.

실수 하는 사람

실수가 많은 사람들이 있다. 그래서 돈도 못 벌고 허점이 많은 사람들이 교회에서 실수도 많이 하지만 열정을 일으키는 불쏘시개가 될 수 있다.

이 외에도 모자라는 사람들을 모으려면 많다. 귀신들린 사람들, 약간 이상한 사람들, 우울증 환자들, 병든 자들 등을 100명 이상 쉽게 모을 수 있다. 다만 계획을 세워야 한다. 심한 중증 환자들을 제외하고 복음으로 변화시킬 수 있다. 기도로 가능하다. 믿고 기도하는 것이다.

나는 문제 있는 사람들을 데리고 목회를 했다. 농촌에서 18명의 성도들과 같이 목회를 시작할 때 능력도 없으면서 욕심은 많아가지고 교인들을 모으려고 했다. 그래서 이 사람 저 사람, 모두에게 미쳐 사랑하니까 그들이 정착하여 쉽게 100명이 되어 농촌에서 2부 예배를 드렸다.

하나님이 옥토로 만들어 놓은 사람

"거룩한 것을 개에게 주지 말며 너희 진주를 돼지 앞에 던지지 말라 저희가 그것을 발로 밟고 돌이켜 너희를 찢어 상할까 염려하라"(마 7:6).

한국 초대교회 때 사람들이 많이 믿은 것은 하나님이 그들을 손보아 놓았기 때문이다. 하나님이 손보아 놓지 않는 사람을 목회자가 어떻게 할 수 없다. 그렇다고 해서 무조건 부드러운 사람이 좋은 것은 아니다. 거칠다고 해서 다 좋은 사람도 아니다. 문제가 있다. 그러나 하나님이 손을 보아 놓은 사람들을 모으는 것이다. 다음과 같은 사람들이다.

1. 과부 - 기도의 선수가 될 수 있다. 시간이 많다. 상처가 많다. 그것이 에너지이다.
2. 가난한 자 - 가난하지만 순종하는 자
3. 병든 자 - 암환자, 위장병 환자
4. 부도난 자 - 회생할 수 있도록 용기를 준다. 기도하게 한다.
5. 성격에 급하여 실수가 많은 자 - 성격이 급한 사람은 게으르지 않다. 성공 확률이 높다. 무슨 일이든지 잘 할 수 있는 기본적인 능력자이다.
6. 가정 불화자 - 기도의 불쏘시개가 될 수 있다.
7. 자녀가 어려운 자 - 기도의 능력으로 교회를 이롭게 할 수 있다.

잘 안 되는 사람

목회자의 자기 용량으로 섬기기에 도저히 불가능한 사람도 있다. 돈을 빌려 달라고 요구하는 사람, 너무 많은 인생 치사 전과가 있는 사람은 어려울 수 있다. 근본적으로 세상적인 미련을 버리지 못하는 사람은 회생이 어렵다. 역사적으로 대원군의 아내 민씨 부인은 의심이 지나치게 많아서 일이 더 꼬여지게 만들었다.[7]

일을 그르칠 사람이 누구인지를 생각하고 그에 해당하는 사람에게는 핵심적인 일을 맡기지 말아야 한다. 그러나 실망하지 말라. 두려워하지 말라. 그런 사람이라도 진정성을 갖고 사랑으로 솔직하게 그리고 완곡하게 말하라.

내가 할 수 있는 사람을 선택하라

"나는 할 수 없다"라고 하지 말라. 이 사람도 못하고, 저 사람도 못하면 뭘 하겠는가? 할 수 있다고 말하라. 평상심으로는 못하지만 기도하여 은혜를 받으면 할 수 있다. 그렇게 은혜를 받을 때 내가 가능한 사람을 선정하는 것이다. 다 할 수 있을 것 같아야 성령충만이다.

---

[7] Ibid., p 93.

chapter
08
그들을 충심으로
집중하여 섬기자

"인자가 온 것은 섬김을 받으려 함이 아니라 도리어 섬기려 하고 자기

목숨을 많은 사람의 대속물로 주려 함이니라"(막 10:45).

나는 주님이 시키시는 일은 무조건 해야 하고 교회에 오는 사람은 무조건 존경하고 "성도님, 성도님"하면서 소중히 여겨야 되는 줄로 알았다. 내게 보내주신 귀한 VIP로 알았다.

그들은 부족하지만 귀하게 그들을 섬겼다. 눈에 깍지가 씌워 그들의 결점이 보이지 않았다. 그들이 나를 사기 치려고 했으면 나는 사기에 말렸을 것이다. 실지로 사기 당한 셈이 되는 성도가 온 적도 있지만 나는 그도 소중히 여겼다. 그리고 하나님은 그 사기꾼에게 당한 금액을 보충해 주었다. 기가 막힌 기적으로 말이다.

나는 정말 목회에 미친 목사였다. 교인이라면 내 가족보다 더 소중히 여겼으니까 말이다. 나의 친 동생들이 우리 교회에 다녔는데, 오빠는 자기들에게는 따뜻한 말 한 마디 안 한다고 나에게 삐질 정도였다. 성도들은 멀리 이사를 가도 나를 버리고 다른 교회로 갈 수 없었다. 간다고 말도 못했다. 그렇게 사랑하는데 버리고 가기가 어려웠던 것이다.

주님이 주시는 사랑의 안경을 써라

"예루살렘 딸들아 내가 비록 검으나 아름다우니 게달의 장막 같을지라도 솔로몬의 휘장과도 같구나"(아 1:5).

나는 확실히 주님이 주시는 안경을 썼다. 다른 사람의 충고도 들리지 않았다. 내 교인들을 사랑하는 마음은 아무도 말리지 못했다. 사업에 실패한 사람도, 사기꾼도, 성질 모난 성도도, 화를 잘 내는 사람도, 누구도 나는 사랑했고 그들은 내 사랑에 빠질 수밖에 없었다.

사람을 싫어하는 내가 성령에 취하여 이렇게 하였으니 주님의 사랑의 역사가 놀라울 뿐이다.

모든 동선을 파악하라

"네 양 떼의 형편을 부지런히 살피며 네 소 떼에 마음을 두라"(잠 27:23).

나는 성도들의 모든 동선을 다 파악하고 있었다. 그들은 내게 무엇이든지 다 보고하였다. 그들이 하는 일거수일투족을 다 알고 있었고 그들이 어떻게 해야 성공하는지를 다 알고 있는 것처럼 그들을 지휘하였다. 그들을 돕고, 사랑하고, 기도하고, 울고... 그렇게 재미있는 목회를 했다. 정말 그때가 좋았다.

그들의 필요를 따라 살라

"무리를 보시고 민망히 여기시니 이는 저희가 목자 없는 양과 같이 고생하며 유리함이라"(마 9:36).

목회자는 성도들을 중심으로 사는 것이다. 이것을 흉내만 낼 때는 오히려 역효과가 생긴다. 사람은 나쁜 맘을 품으면 결국에는 그 마음이 드러난다. 교역자나 교역자 부인은 속이는 재주가 없다. 그래서 속을 보이고 마는 것이다.

거의 삶 전체를 다 노출한다는 것이 좋은 것인가? 나쁜 것인가? 감추고 억지로 좋은 이미지를 만들어 살면 안 되는 것이다. '누가 알아도 당연하지 뭐, 나 그것밖에 안 돼요. 그래도 하나님은 나를 사랑하세요'라는 마음으로 삶을 살아야 하는 것이다. 부족한 사람을 죽도록 사랑하면서 산다. 나도 부족하다고 인정하고 산다. 그런 자세로 진실하게 섬기고 목회하면 100명은 쉽게 훌쩍 넘는다.

우리 한번 지혜로워보자. 적당하게 나를 감추고 사생활을 챙기며 살다가 마음속을 성도들에게 보여서 별 다른 열매도 없이 사는 것이 행복하겠는가? 기도 열심히 하고 성령이 충만하여 '성도의 삶이 바로 나의 삶이다'라고 생각하면서 행복한 삶을 살고 기쁨의 열매를 맺는 것이 더 좋지 않은가? 누구나 후자를 선택 할 줄로 나는 믿는다.

매일 그들을 위하여 울라

"내가 탄식함으로 곤핍하여 밤마다 눈물로 내 침상을 띄우며 내 요를 적시나이다"(시 6:6).

성도들이 참으로 한심하다. 그 방향으로 가면 노후가 어떻게 되겠는가? 인생이, 자녀가, 가정이, 건강이 어떻게 되겠는가? 국가도 그런 대책도 없이 국정을 운영하고 있다. 아무도 심각한 것을 심각하게 생각하지 않는다. 누가 그 문제를 심각하게 생각하여 주는가? 한 영혼이 지옥에 가는데 누가 미리 울어주는 사람이 없다. 울어주어야 하지 않는가? 목회자는 우는 사람이어야 한다. 그 눈물에 주님이 역사하시기 때문에 방황하는 성도를 보면 눈물이 글썽이게 된다. 그런 목회자가 어떻게 100명이 안 되겠는가? 너무 쉬운 일이다. 너무나 당연한 일이다.

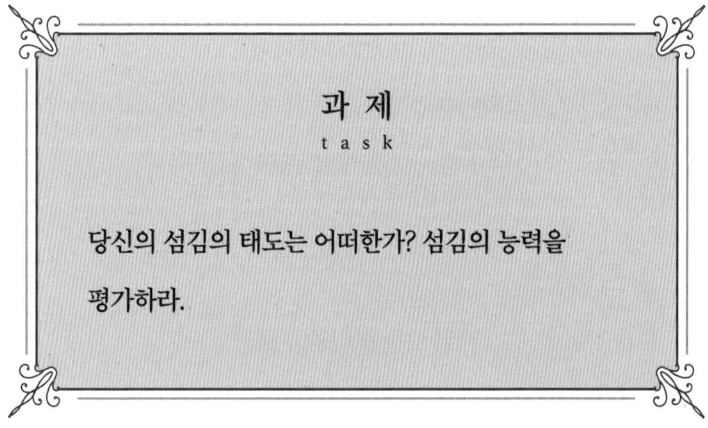

chapter
09

제자훈련 하라

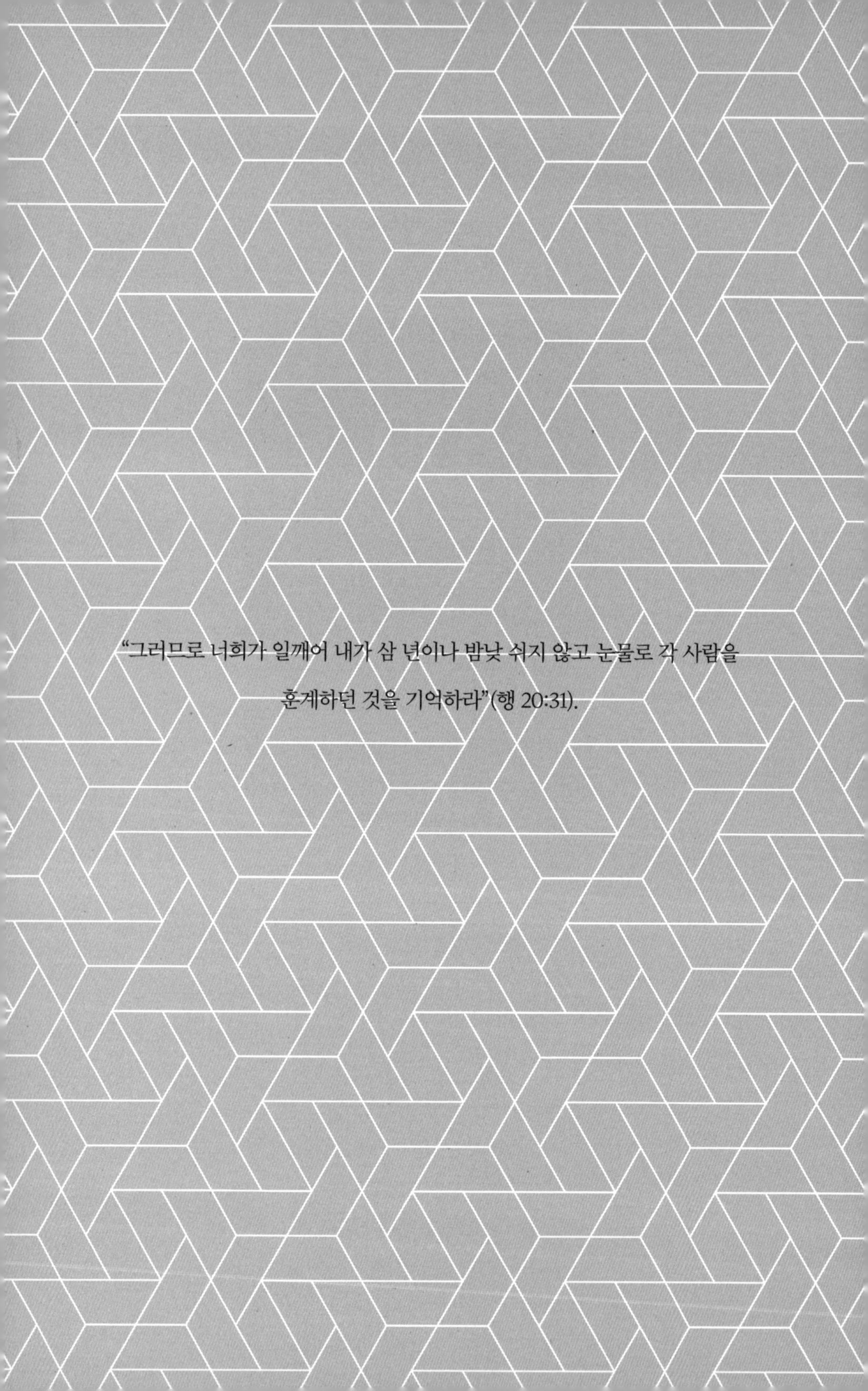

“그러므로 너희가 일깨어 내가 삼 년이나 밤낮 쉬지 않고 눈물로 각 사람을 훈계하던 것을 기억하라”(행 20:31).

사람을 세우지 않으면 한계가 있다. 18명의 교인이 있다고 생각하여 보자. 교인 18명이면 굉장한 숫자이다. 18명은 그냥 18명이 아니다. 그들의 가족, 친척, 친구 등 모두 합하여 100명이 넘는 사람들을 위해 매일 하나님께 울며 기도하였다.

이들의 모든 삶을 돌보는 목회는 위대한(?) 목사들이 생각하면 한심하기 이를 때가 없을 것이다. 맞다. 한심하기가 이를 때가 없었다. 그러나 생각하여 보라. 특별한 능력도 없고 환경도 안 되는 상황에서도 100명으로 부흥할 수 있다는 이야기를 하는 것이다. 그렇게 해서 가능하였다. 그러나 100명이 되니 힘이 들었다. 나 혼자서 하기에는 한계가 있었던 것이다. 모든 것이 내 눈에 들어와야 하고 다 알고 있어야 하는 목회가 어느 날부터 힘들기 시작하였다.

목회자의 체력도, 영력도 한계가 있는 것이다. 그래서 제자훈련을 하였다. 제자 훈련을 내가 엉터리로 한 것 같다. 그러나 그것을 통해 지도자가 생겼다. 제자훈련 세미나를 다녀와서 이 정도는 다 배웠다하고 순서를 따라 했었을 뿐이다. 그러나 효과는 참 좋았다.

성도들을 바로 세우라

"주를 섬겨 금식할 때에 성령이 가라사대 내가 불러 시키는 일을 위하여 바나바와 사울을 따로 세우라 하시니"(행 13:2).

사람이 모이면 지도자가 세워진다. 그러나 지도자들이 신앙에 관하여 무엇을 좀 알고 있다고 생각하지 말자. 모든 것을 다 알고 있는 것이 아니다. 어느 한 모퉁이가 비는 것이다. 그 모자라는 것에서 나중에 큰 문제가 생기는 것이다.

그래서 그들이 다 알 것이라고 생각하지 말고 표준적인 교육인 제자훈련을 시키는 것이다. 말씀과 기도와 참여를 통해서 그들은 점차 우리 교회의 참된 성도들이 되어 우리 교회화가 이루어지는 것이다.

그 때 세워진 성도들 가운데 3명의 장로가 있고, 권사가 있고, 안수집사들이 있다. 그들은 부족한 점이 있지만 그래도 교회를 옮기고 건축하는 과정에서 일정한 일을 감당하였다.

핵심적인 사항을 반복하여 교육하라

"오늘 내가 네게 명하는 이 말씀을 너는 마음에 새기고 네 자녀에게 부지런히 가르치며 집에 앉았을 때에든지 길을 갈 때에든지 누워 있을 때에든지 일어날 때에든지 이 말씀을 강론할 것이며 너는 또 그것을 네 손목에 매어 기호를 삼으며 네 미간에 붙여 표로 삼고 또 네 집 문설주와 바깥 문에 기록할지니라" (신 6:6-9).

교육은 반복해야 한다. 그리고 고백하게 하는 것이다. 반복하여 교육함으로 성도들이 할 실수를 미연에 막아주는 것이다. 올바로 가르치지 않으면 그들은 당신에게 잘못 훈련을 했다고 가혹한 아픔을 줄 것이다.

배신은 그냥 배신이 아니다. "당신은 날 잘못 가르쳤어요. 당신은 그 중요한 진리들을 대충 넘어 갔어요. 내게 십일조가 왜 중요한지 가르쳐 주지 않아서 나는 망했단 말입니다. 당신이 책임지세요"라고 할지도 모른다. 우리는 올바로 가르쳐야 한다. 성도들을 두려워하지 말라.

눈물로 가르쳐라

"그러므로 너희가 일깨어 내가 삼 년이나 밤낮 쉬지 않고 눈물로 각 사람을 훈계하던 것을 기억하라"(행 20:31).

교회에서 가르치는 것은 일반 사회에서 하는 것과 다르다. 일반사회에서의 가르침은 지식적인 경우가 많다. 그러나 교회의 가르침은 영적인 것이다. 영적인 가르침이 잘못되면 그의 일생은 망하는 것이다.

그러나 성도들은 바로 배우고 실천하기를 두려워한다. 예수님에게 배운 자들은 모두 떠나고 남은 사람들이 바로 제자들이다. 그러니 눈물로 가르쳐야 하는 것이다.

과 제
t a s k

소수의 사람들을 세우고 그들을 통해 역동성 있게

일을 감당하는 데 있어서 무엇이 부족한지 평가하라.

chapter
10

교회와 성도의
곁을 떠나지
말라

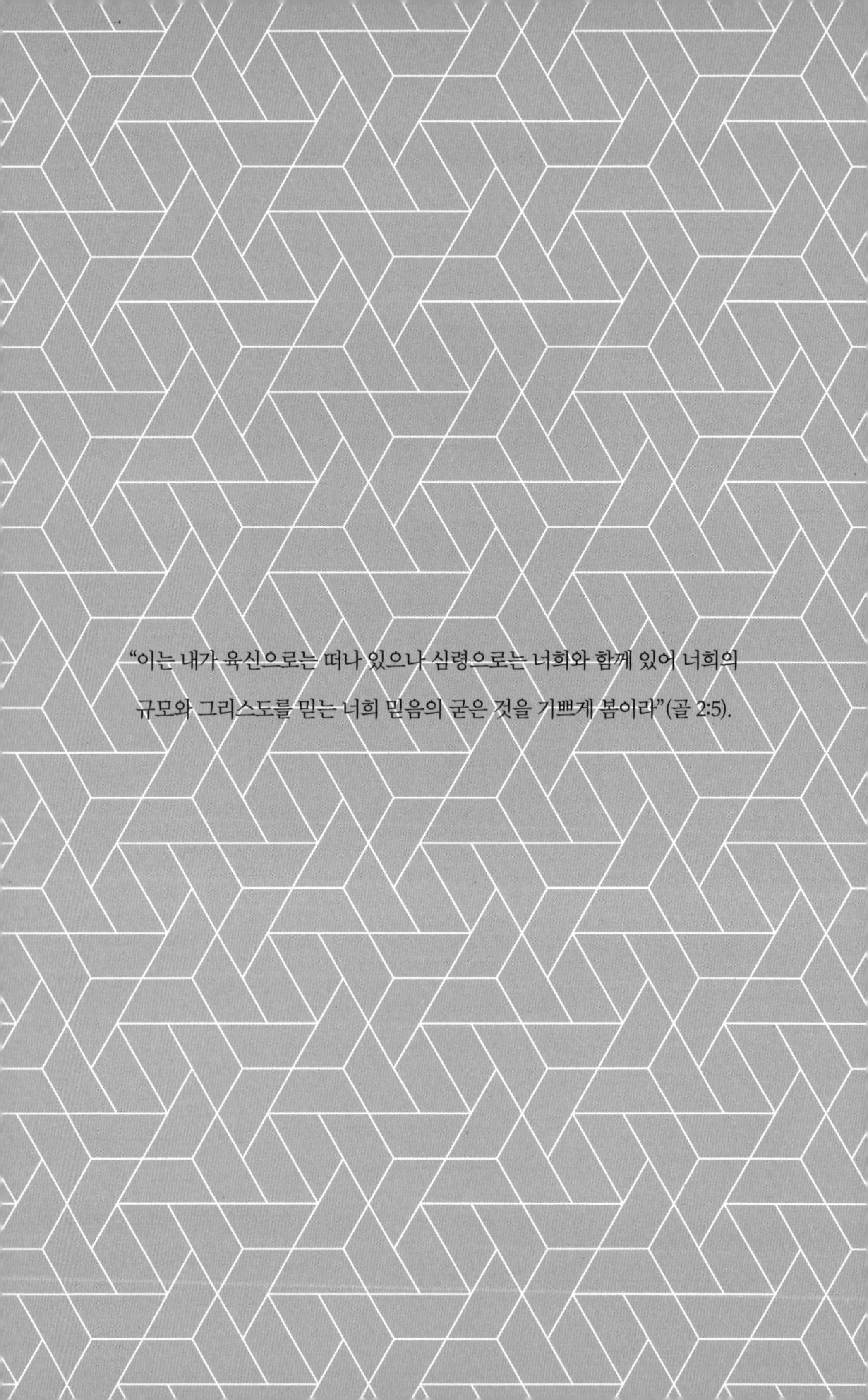

"이는 내가 육신으로는 떠나 있으나 심령으로는 너희와 함께 있어 너희의
규모와 그리스도를 믿는 너희 믿음의 굳은 것을 기쁘게 봄이라"(골 2:5).

명절에도

"저희 마음이 주를 향하여 부르짖기를 처녀 시온의 성곽아 너는 밤낮으로 눈물을 강처럼 흘릴찌어다 스스로 쉬지 말고 네 눈동자로 쉬게 하지 말찌어다"(애 2:18).

나는 명절에도 고향에 가지 않았다. 명절에 고향으로 오는 성도들의 자녀가 있기 때문이다. 그들은 나를 찾아온다. 나는 그들을 반기고 안부를 묻는다. 누가 시킨 것이 아니다. 내가 당신에게 고향에도 가지 말고 교회를 지키라고 하는 것은 아니다. 이런 것을 시킨다고 하면 너무 어렵고 짜증난다.

하지만 나는 짜증나지 않았다. 재미있었다. 아무도 내게 이런 것을 말한 적이 없었다. 명절에 집에 가지 말라고 할 사람이 누구겠는가! 명절에 허겁지겁 다녀오면 나는 일주일을 그 만큼 부대꼈다. 힘든 몸을 추스르려면 반달이 지나간다. 그렇게 해서는 목회가 안 되었다.

그래서 나는 고향에 가지 않았다. 살아계신 어머니를 뵈러 미리 고향에 살짝 다녀왔다. 처갓집에도 안 갔다. 서울까지 가면 경주 가는 길보다는 가깝지만 시간이 아까웠다. 읽어야 할 책도 많고 그 동안 못 다한 정리도 해야 하고 기도도 해야 한다.

목회자는 왜 그리도 해야 할 일이 많은지 모르겠다. 설교준비, 심방, 기도, 회의, 자기 발전을 위한 책 읽기 등은 시간을 많이 필요로 한다. 명절에 아무 곳에도 안 가고 기도하면 재미가 정말 쏠쏠하다.

책을 읽으면 얼마나 재미가 있는지 모르겠다. 잠을 자도 왜 그렇게 좋은지 모르겠다. 명절 아침에 아무도 없는 교회 강대상에 앉아 있는 것은 기가 막히는 맛이었다.

성도들은 목사님은 불효자라고 생각할까? '고향도 안 가시고 왜 저렇게 우리만 생각하실까'라고 생각하지는 않을 것 같다. 그러나 최소한 신뢰할 것 같다. 소문보다 더 강한 전도지는 없다. 나는 그렇게 하려고 한 것은 아니지만 시골교회 목사 중에서 대단하다고 소문난 목사가 되었다.

공휴일에도

"단 위에 불은 항상 피워 꺼지지 않게 할찌니 제사장은 아침마다 나무를 그 위에 태우고 번제물을 그 위에 벌여 놓고 화목제의 기름을 그 위에 사를찌며"(레 6:12).

성도들은 평소 교육을 받을 시간이 없다. 바쁘고 피곤에 시달린다. 그래도 받아야 할 교육이 있다. 그들이 이 교육을 받지 않으면 인생에 실패한다. 모든 교육 중에서 한 항목만 놓치면 그들은 실패한다.

그래서 나는 그들을 공휴일에도 교육한다. 목사가 그들을 정성껏 공부시키려고 하면 성도들은 진심을 알아준다. 그리고 명절 때는 명절 기도회를 가지기도 한다. 고향 집에 가는 사람은 가고, 기도하는 사람은 기도하는 것이다. 그러고 나면 교회의 영적 분위기는 확실히 달라진다.

나는 공휴일에도 어디 가지 않는다. 책을 읽고 그 저자의 세계에 내가 공감할 수 있다는 것이 얼마나 큰 축복인가!

밤에도 낮에도

"또 아셀 지파 바누엘의 딸 안나라 하는 선지자가 있어 나이가 매우 많았더라 그가 결혼한 후 일곱 해 동안 남편과 함께 살다가 과부가 되고 팔십사 세가 되었더라 이 사람이 성전을 떠나지 아니하고 주야로 금식하며 기도함으로 섬기더니"(눅 2:36-37).

무려 몇 년 동안 밤에 강대상에 있었다. 자랑이 아니라 부끄러워서 그렇지 사실 몇 년이 아니다. 10년이 넘는 것 같다. 성도들이 교회의 부채가 얼만지 알면 도망갈 것 같아서 "하나님, 도와주세요. 불쌍히 여겨주세요"라고 기도하였다. 나의 부족함 때문에 울었다. 울면서 보낸 세월이었다.

그런 생활이 힘들면서도 재미가 있었다. 요즘은 잠을 많이 잔다. 전에는 잠을 충분히 자본적이 없었다. 요즘 잠을 충분히 잔다는 것도 참 좋다는 생각이 든다.

낮에도 마찬가지이다. 교회를 잘 떠나지 않았다. 어디가도 교회로 빨리 돌아왔다.

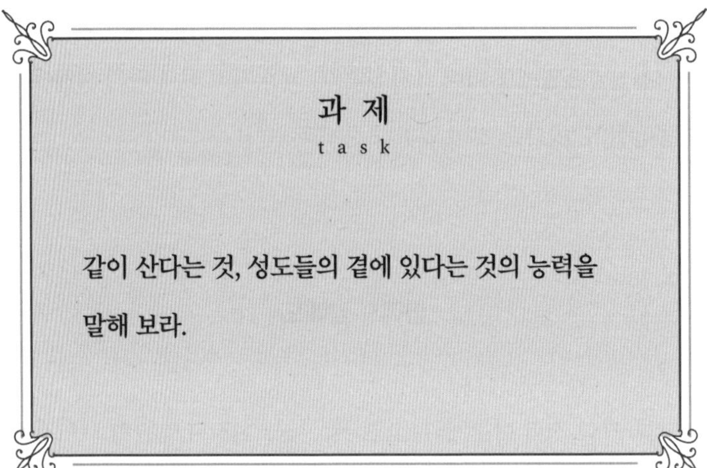

과 제
task

같이 산다는 것, 성도들의 곁에 있다는 것의 능력을
말해 보라.

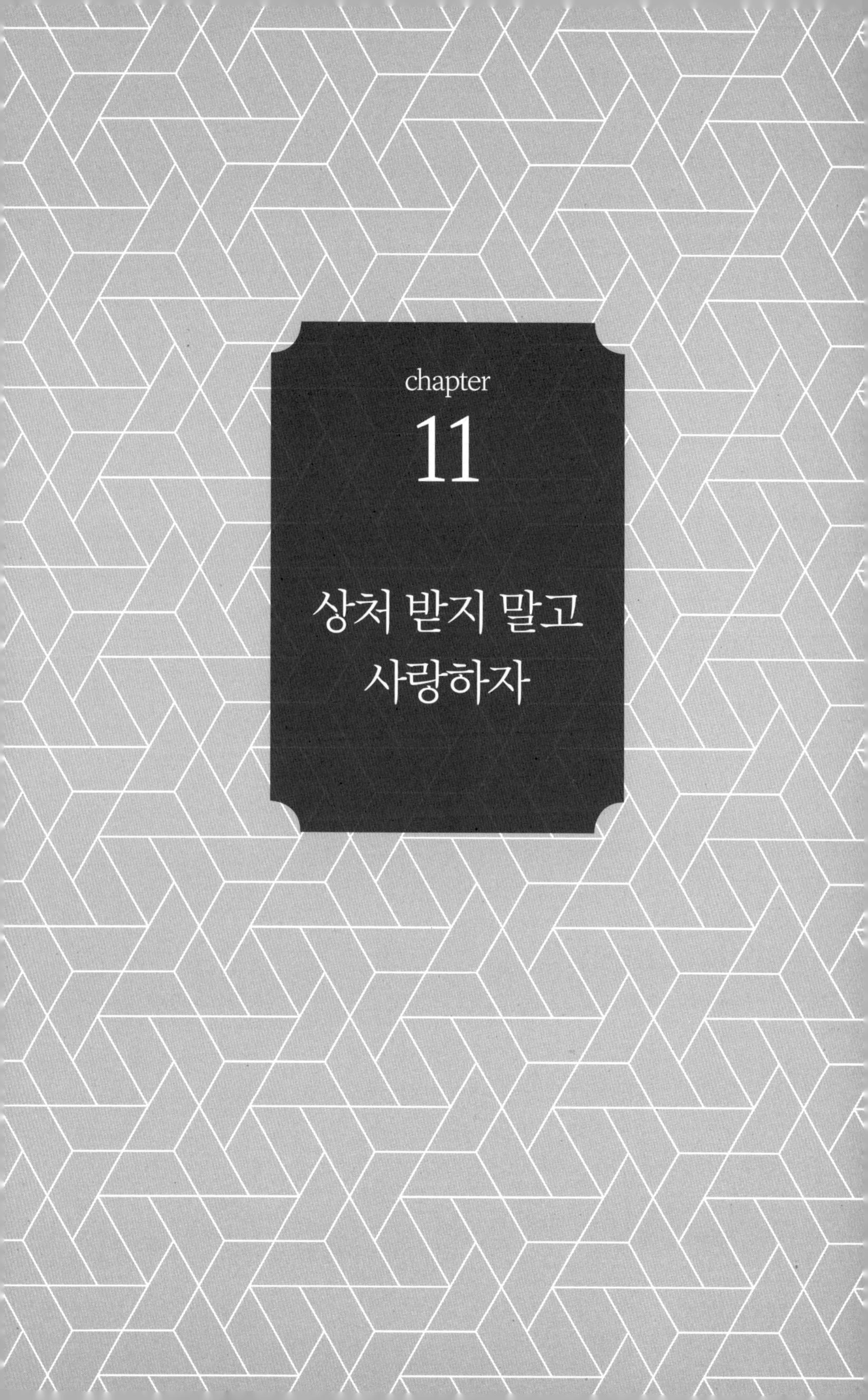

chapter

11

상처 받지 말고
사랑하자

“둘째도 그와 같으니 네 이웃을 네 자신 같이 사랑하라 하셨으니”

(마 22:39).

상처는 상함을 받는 것이다. 상처는 원래 있을 수 없는 것이다. 나와 예수님 사이를 생각하면 예수님은 내게 엄청 상처를 받았을지도 모른다. 그럼에도 불구하고 좋아하시고 못 말리게 사랑하셔서 우리는 목회자가 된 것이다. 그런데 우리가 성도들의 모습을 보고 상처를 받는다는 것은 이상한 일이다.

물론 나도 상처를 받을 수 있는 수많은 경우가 있었다. 그러나 대부분 상처를 받지 않았다. 나는 영문학을 전공하였다. 영문학의 내용은 인간은 죄된 존재라는 것이었다. 사람은 좀처럼 변화되지 않는 악동 같은 존재이기에 예수님은 우리를 위하여 십자가에 죽으신 것이다. 시원찮은 내 설교를 듣고 죄인된 사람들이 변화된다면 그것은 기적이다.

우리는 성도들에게 쉽게 상처를 받으면서, 성도들이 인간관계 문제로 상담을 받으러 오면 왜 상처를 받느냐고 하기 쉽다. 내가 하면 로맨스고 다른 사람이 하면 불륜이 되는가?

어떤 의미에서 목회라는 것이 별 것 아니다. 상처 받을 상황에서 상처 안 받으면 성공하는 것이다. 상처를 받을 수 있는 상황에서 상처를 받다보면 상처로 인하여 몸의 건강은 상하게 된다. 그래서 목회는 실패하게 되는 것이다.

한번 외쳐보라. "나는 상처 안 받는다. 상처를 받으면 아마추어다." 우리는 프로 아닌가. 아마추어가 상처를 받아도 문제가 쉽지 않는데 프로가 상처를 받으면 어떻게 되는가 말이다.

상처가 아프지 않게 취하여 있으라

"스데반이 성령이 충만하여 하늘을 우러러 주목하여 하나님의 영광과 및 예수께서 하나님 우편에 서신 것을 보고"(행 7:55).

성도들에게 상처를 받지 않으려면 취해 있어야 한다. 성령에 취해 있으면 모든 성도들이 예쁘게 보이고 그들의 장점이 보인다. 성도들의 무식하고 악한 면을 모르는 것은 아니지만 내게는 그저 아름답게만 보인다. 성령의 강권하심으로 그들이 아름답게, 좋게 보이는 것이 나는 그저 놀랍기만 하다.

'하나님이 세상을 이처럼 예쁘게 보시고 독생자를 주셨구나!'라는 마음이 든다. 기도해야 한다. 한 시도 쉬지 않고 기도하겠다는 마음을 가져야 한다. 기도하지 않으면 내 마음은 시들어 버리고 미달이 된다.

우리는 성령에 취해야 한다. 주님이 우리를 위하여 십자가에 죽으셨다. 그러므로 우리의 기준은 십자가가 되어야 하는 것이다. 나는 내 마음을 버리고 하나님의 마음을 가지도록 기도한다. 쉬지 않고 기도한다. 그것으로 부족하여 울고 또 울며 주님의 마음을 달라고 기도한다. 십자가의 마음을 달라고 기도한다. 십자가의 마음으로 온 세상을 보게 해달라고 기도하는 것이다. 하루를 시작하면서 그렇게 기도한다.

정말 십자가에 취하고 싶다. 그 사랑에 취하여 살고 싶다. 이것이 성공이다. 세상이 온통 붉게 보여야 한다. 왜곡되게 보고 욕심으로 크게 본 것들이 우리 안에서 작아져서 점점 정상화가 되어야 한다. 십자가는 희미하게 보던 것을 밝게 보게 한다.

상처 주는 자의 말을 들으라

"내 사랑하는 형제들아 너희가 알거니와 사람마다 듣기는 속히 하고 말하기는 더디 하며 성내기도 더디 하라"(약 1:19).

목회자에게 상처를 주기 원하는 사람이 있다. 왜 상처를 주기를 원하는 것일까? 자기를 알아 달라는 것이다. 이것은 나쁜 것이 아니다. 자기를 알아달라고 주장하고 싶은 사람은 많다. 그렇게 주장하는 것은 두 가지 경우이다. 첫 번째 경우는 사람이 자기의 마음을 알아 줄 때 교회를 위하여 헌신 할 각오로 하는 것이다. 그런 사람은 교회의 내부에 진입해서 시험꺼리를 만든다. 여러 번 그럴 수 있지만 잘 적응하여 가는 경우가 많다. 그러나 다른 경우도 있다. 목회자에게 상처를 주기 원하는 것은 자기의 쓴 뿌리를 나타내는 것이다. 이 경우도 목회자가 그 성도를 알아주고 보듬어 주어야 한다. 그러면 그 성도는 최소한 목회자의 원수는 되지 않는다.

이 두 경우 모두 상처를 수용하여 주는 것이 좋다. 상처를 주는 사람의 말을 충분히 들어주어야 한다. 그리고 중요한 사실은 목회자에게 상처를 주는 말이 맞는 경우가 많다는 것이다. 그 말이 타당하면 수용하여 주는 것이다. 이런 과감함으로 목회를 하라.

'이렇게 다양한 생각을 가진 사람들이 있구나'라고 생각하며 싫어도 그 사람과 말을 수용하는 것이 훈련이다.

무한한 사랑을 부어주라

"너희 하나님이 가라사대 너희는 위로하라 내 백성을 위로하라"(사 40:1).

사람은 사랑을 받고 싶다. 하나님의 말씀을 증거하고 기도하는 교역자로부터 사랑을 받는다는 것은 신나는 일이다. 물론 이 사랑은 아가페의 사랑이다. 이 사랑은 절대 에로스의 사랑이 되어서는 안 된다.

목회는 사랑이다. 생명을 걸고 사랑해 주라. 거기에 목회의 묘미가 있다. 성령과 하나가 되어서 실컷 사랑하는 사람이 되면 속이 시원하다. 그런 재미로 목회를 한다. 성도를 사랑하는 것도 기도하면 문제가 없다. 그러나 기도하지 않고 하면 문제가 불거진다. 하나님은 사랑이시다. 사탄은 미움이다. 하나님은 잘되기를 원하시는 분이시고 사탄은 잘못되기를 바라는 자다. 사랑은 잘되기를 바라는 것, 바랄 수 없는 가운데 바라는 것이다.

세상적으로 멋있게 사는 것은 별 것이 아니다. 진정으로 행복하기를 원하시는 하나님의 뜻을 따라 그의 종이 되는 것이 멋있는 일이다. 사랑하는 것은 멋있는 일이다. 결국 사랑하는 사람이 이기고 잘 된다.

그것은 사탄의 하수인이 되는 것이 아니기 때문이다. 주의 종으로 부름을 받았다는 것이 얼마나 감사한지 모르겠다. 마귀의 종노릇하는 사람들은 결국에는 망하는 것이다.

상처 주는 자 그에게 역사가 나타난다

"상심한 자를 고치시며 저희 상처를 싸매시는도다"(시 147:3).

나는 상처를 주지 않고 묵묵히 있는 자 보다 상처를 주는 자를 더 좋아했다. 그런 마음을 하나님이 주셨다. 나를 시험하고 싶었다. 내가 나를 좋아하는 사람만 좋아하는 속물이 되고 싶지 않았기 때문이다.

나는 나를 시험하고서 싫어서 싫어하는 사람을 좋아하기로 결심하였다. 그것이 너무 극단적으로 멀리 가기도 하였다. 하지만 다 나를 싫다고 해도 나는 좋아하였다.

그것이 통한 것이다. 나를 극복하고 큰마음을 가지기로 작정한 것이다. 상처를 주는 자를 감싸주었다. 상처 주는 자들은 내가 감싸주는 것을 알고 있었다. 그들이 이리 저리 교회를 옮겨 다니면서 적응하지 못하는 이유가 상처가 있고 상처를 주는 자였기에 나의 특별한 방침은 적중하였다.

개척교회를 다니는 이유가 무엇인가? 작은 교회에 왜 한번 와 보는가? 자기를 알아줄까 하는 마음 때문이다. 그것은 잘못된 마음이 아니다. 모든 사람은 특수하다.

보편성이 부족하고 특수성이 더 강한 사람이 많다. 그러한 사람들은 자기를 알아주는 목사를 찾아다니지만 없기 때문에 방황하는 것이다. 그런 사람을 알아주는 것이 비성서적일까? 그렇지 않다. 그들을 알아주어야 한다. 그들을 감싸주어야 한다. 그들이 오리를 가자고 하면 십리를 동행해 주어야 한다.

나는 그러한 목회를 했다. 그래서 그들은 교회에 충성하였다. 헌금도 많이, 분에 넘치도록 했다. 그들의 특수성을 충분히 나는 알아주었다. 그들도 자기의 특수성을 이해해 주는 것에 행복해 하였다. 그들은 교회에 충성하고 중직자가 되었다. 그들은 중직자의 자리를 다른 사람들도 나누어 섬길 때까지 우리 교회를 떠나지 않고 충성하였다.

나는 지금도 개척하면 주 안에서 100명을 만들 자신이 있다. 모나고 상처 있는 자들을 모으는 것이다. 상처를 주고받아서 힘들어하는 자들을 모으는 것이다.

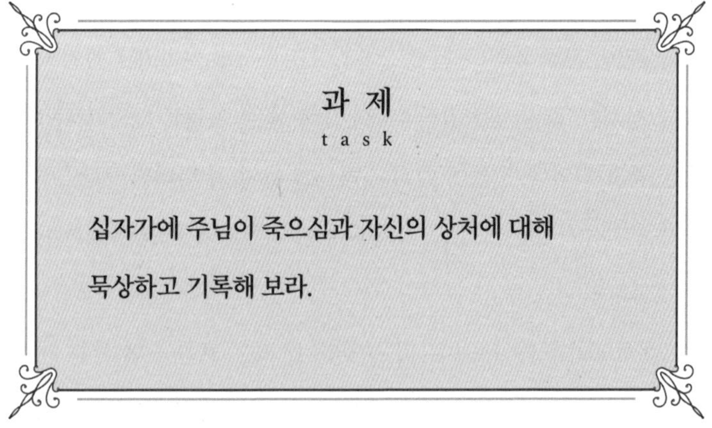

chapter
12

기도로
공부하라

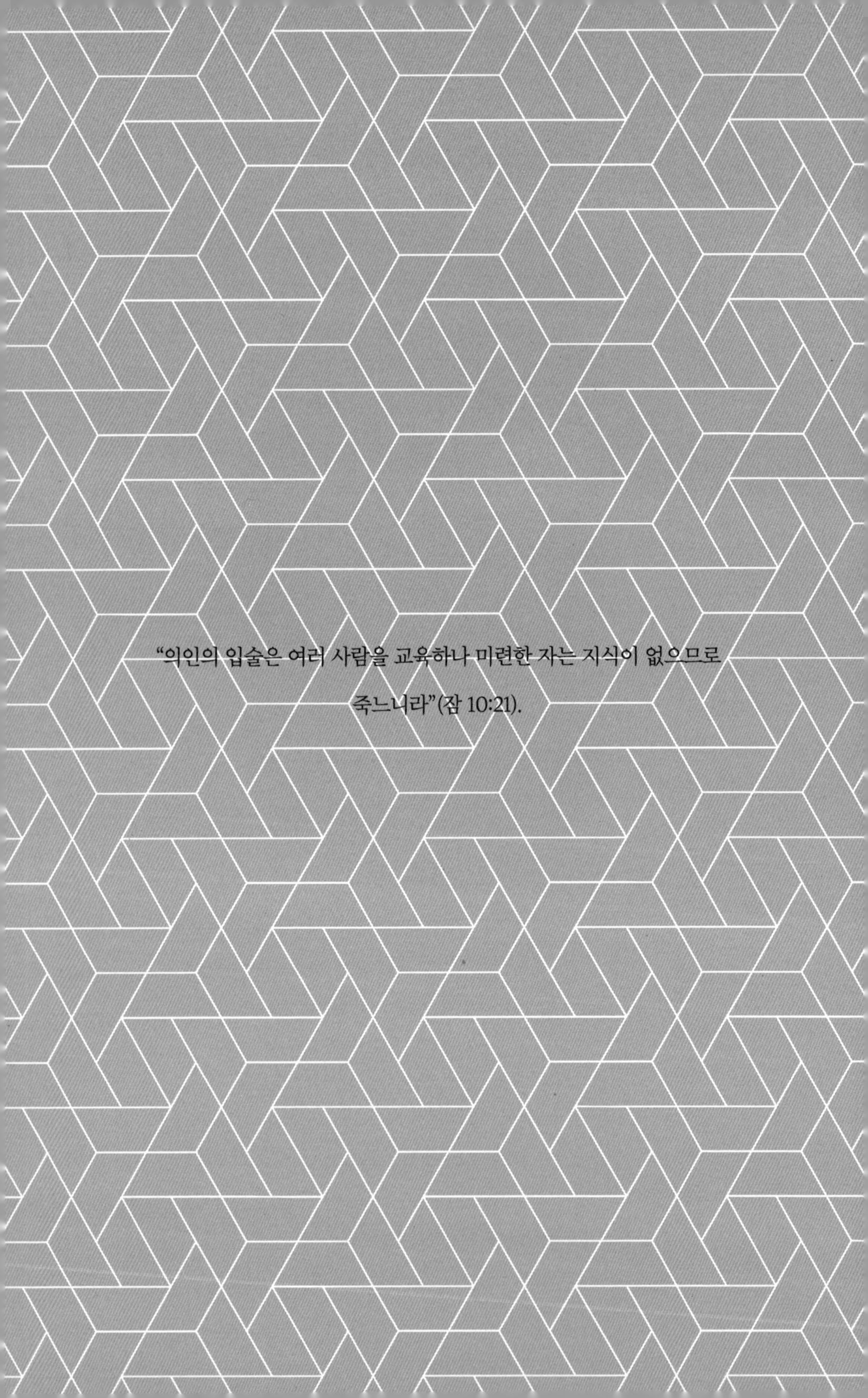

"의인의 입술은 여러 사람을 교육하나 미련한 자는 지식이 없으므로

죽느니라"(잠 10:21).

지식이 없으면 말을 할 수 없다

아무리 천사의 마음을 가져도 표현하지 않으면 소용이 없다. 알아듣기 좋게 표현해야 한다. 가장 적절한 표현과 다양한 관점을 알지 못하면 결국 목회는 실패한다.

목회는 학벌가지고 하는 것은 아니다. 학벌이 없어도 목회는 할 수 있지만 지식은 모자라지 않아야 한다. 지적인 소양을 갖추어야 한다. 영성이 제일이라지만, 영성이 갖추어지면 공부를 해야 한다. 영성을 중심으로 상황을 재해석 할 수 있는 지성을 갖추어야 하는 것이다.

나는 죽도록 기도하였다. 그리고 그것을 중심으로 열심히 공부하였다. 신대원을 졸업하고 공부하는 것을 약 십 년간 멈추지 않았다. 그때 공부하지 않았다면 나는 신비주의자가 되었을 것이고 교회는 부흥할 수 없었을 것이다.

입담이 좋아서 하는 말이 있고 경우에 맞게 하는 말이 있다. 지식이 없으면 경우에 맞게 말할 수 없다.

지식이 없으면 해석할 수 없다

"비유가 아니면 말씀하지 아니하시고 다만 혼자 계실 때에 그 제자들에게 모든 것을 해석하시더라"(막 4:34).

상황을 해석할 수 없으면 말할 수 없다. 내가 하는 해석이 정말 맞는 것인지는 공부를 해봐야 아는 것이다. 내가 해석한 것이 다른 사람에게 보편성을 띠고 있고, 그것에 대하여 확신을 가질 때 당당하게 주장할 수 있는 것이다.

공부한다는 것은 많이 아는 것이 아니고 해석하는 잣대를 많이 가지는 것이다. 가방 끈이 짧다는 것은 해석하는 잣대가 몇 가지 안 된다는 것이다. 내가 해석하는 잣대가 적으면 고통을 당할 수밖에 없는 것이다.

우리는 다른 사람의 말을 알아듣고 마음을 해석 할 줄을 알아야 한다. 학자 같이 알아듣는다는 것이다. 학자같이 말하기 위해서 학자같이 알아들어야 하는 것이다. 학자같이 알아듣기 위해서 공부해야 하는 것이다.

지식이 없으면 자기 발전이 없다

"너희가 은을 받지 말고 나의 훈계를 받으며 정금보다 지식을 얻으라"(잠 8:10).

공부해야 자기 발전이 있다. 공부는 간접 경험인 것이다. 모든 것을 다 직접 경험할 수 없다. 지식이 있어야 한다.

나는 공부하기를 잘했다고 생각한다. 그러나 아무리 공부가 중요해도 현실과 기도가 없는 공부는 의미가 없다. 공부를 통해서 현실 세상을 해석하고, 기도하고, 표현하는 목회자의 자리가 얼마나 좋은 자리인가.

공부하라. 공부하여 재미있게 목회하라. 공부하지 않으면 망한다. 목회자가 되어서는 자기가 좋아하는 교수를 찾아가서 공부하라. 자기가 좋아하는 분야를 공부하라. 피곤하지 않고 즐길 수 있는 공부를 하는 것이다. 신나는 공부를 하는 것이다.

자기 발전을 도모하는 공부는 노트에다 필기하는 것이다. 특정 분야에 대하여 5만 가지를 알면 박사 수준이 되는 것이다. 그래서 나는 노트에 필기를 했다. 수도 없는 분석을 통해서 나를 발전시켜 나갔다.

기도로 공부하라

"쉬지 말고 기도하라"(살전 5:17).

나는 기도가 공부보다 더 중요하다고 생각하였다. 그래서 기도하면서 공부하려고 하였다. 공부를 목적으로 두었다면 사랑하는 교수님을 통해서 연세대학교 박사과정에 들어갔을 것이다. 그러나 일찍이 포기하였다. 나는 목회자가 된다. 나는 학자가 되지는 않는다. 그래서 목회적인 관점에서 공부하였다.

치열한 토론도 필요하다고 생각하여 학회에 많이 참가 하였다. 그러나 내가 목회자라는 사실을 잊지 않았다. 그래서 나는 기도하면서 공부하였다. 내용을 다 이해하는 것도 있고 그렇지 못한 것도 있었지만 나는 다 알려고 하지 않았다. 다만 기도해서 성령의 인도하심을 따라 공부하면서 정리해 나갔다.

목회적 지식을 위하여 책을 읽고 정리해 나갔다. 기도를 하고 책을 보고 책에서 중요한 것을 깨달았으면 나는 하나님께 감사기도를 드렸다. 그리고 그 내용을 바로 요약하고 리포트를 썼다. 나는 지식을 자기화 한 것이다.

세상 평판이 중요한 것이 아니고 자기 이해가 중요하다

"여호와께서 사무엘에게 이르시되 그 용모와 신장을 보지 말라 내가 이미 그를 버렸노라 나의 보는 것은 사람과 같지 아니하니 사람은 외모를 보거니와 나 여호와는 중심을 보느니라"(삼상 16:7).

대학원에서 공부할 때 나는 좋은 점수를 중요하게 생각하지 않았다. 나는 목회자다. 책에 있는 내용이 어떻게 목회와 관련이 있는가가 중요하였다. 나는 내 이해 수준을 소중히 여겼다. 독서는 자기 지식과 저자와의 대화라고 생각하였다. 다 이해하지 못해도 좋은 것이다. 깨달을 만큼만 깨달으면 되는 것이다.

무리하게 깨달으려고 하면 지치게 된다. 그러면 결국 책을 읽는 것을 그만 둘 것이다. 그래서는 나의 지식을 세워 나갈 수가 없다. 점수가 중요한 것이 아니다. 자기 이해가 중요하다. 이해도를 점차 넓혀가는 것이다.

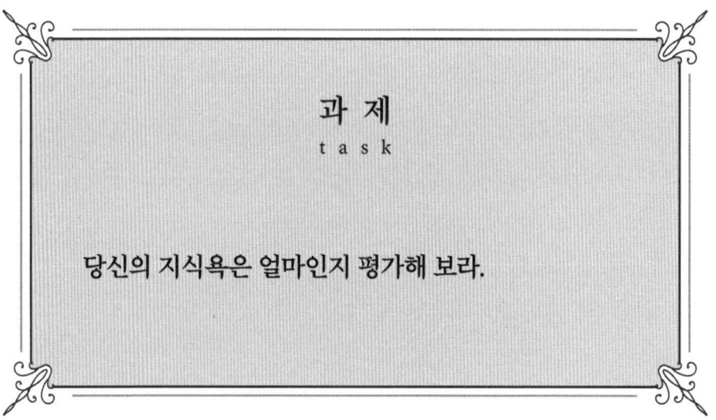

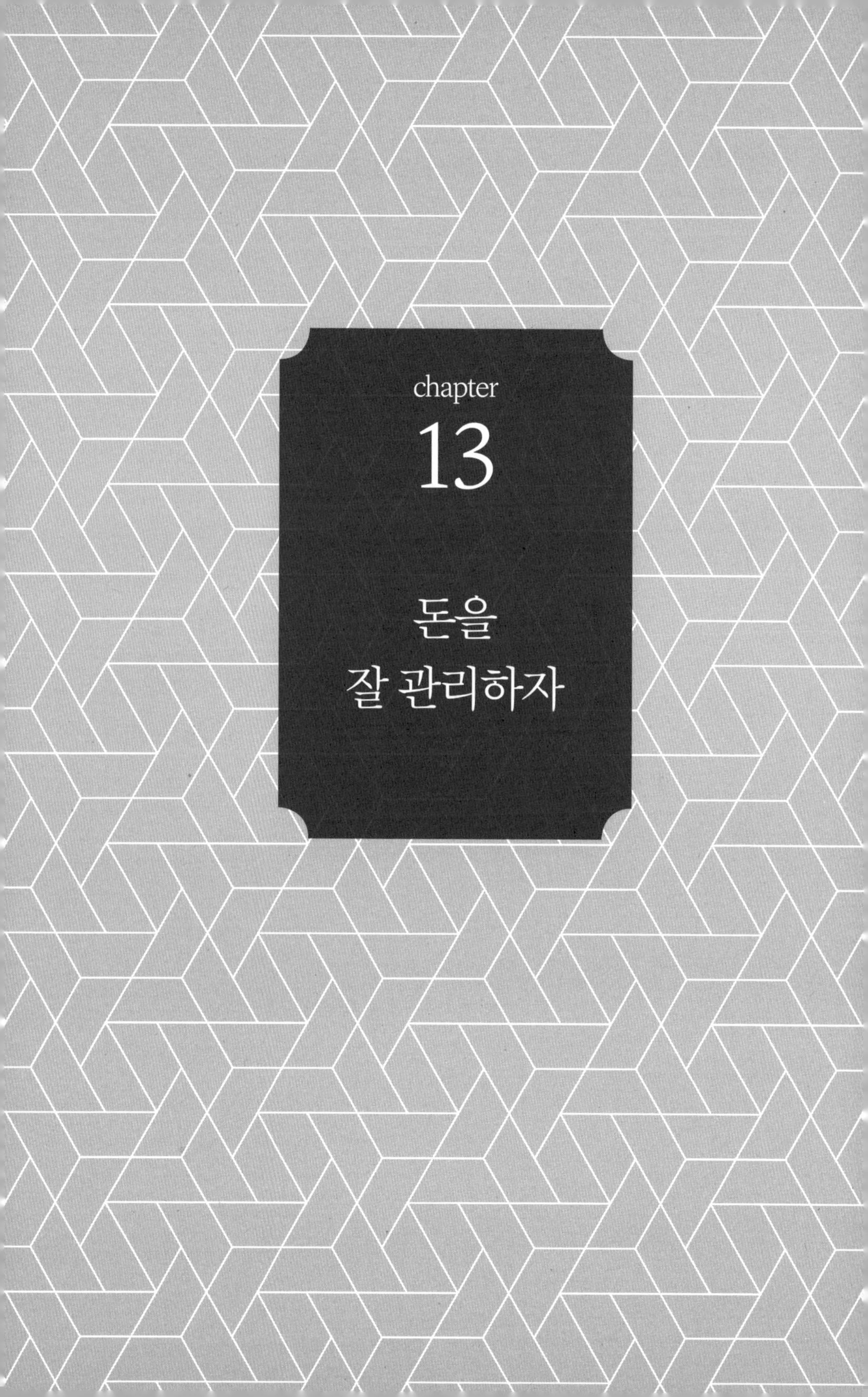
chapter
13

돈을
잘 관리하자

“이것이 곧 적게 심는 자는 적게 거두고 많이 심는 자는 많이 거둔다 하는
말이로다”(고후 9:6).

목회자가 최선을 다해 많이 드리라

목사는 돈 관리에 성공하여야 한다. 교회재정이 튼튼하려면 담임 목회자가 먼저 헌금에 솔선수범해야 한다. 십일조, 감사헌금을 드리고 건축헌금의 경우 가능하면 제일 많이 드려야 한다.

돈은 누구의 것인가? 돈은 하나님의 것임을 증거로 보여주어야 한다. 몸도 하나님의 것임을 보여 주어야 한다. 성도들은 교역자의 본을 받는다. 내가 하나님께 정직하게 최선을 다하여 드리면 하나님은 반드시 재정의 복을 내리시는 분이시다.

"내가 먼저 하나님께 드리는 것은 손해가 아니다"라는 확신을 가져야 한다. 하나님 앞에 드리는 것이 어떻게 손해가 되겠는가! 자식이 아버지께 드리는 것이 아까우면 문제가 있는 부자관계이다.

아무렇게나 돈을 쓰지 말라

"우리가 들은즉 너희 가운데 규모 없이 행하여 도무지 일하지 아니하고 일만 만드는 자들이 있다 하니"(살후 3:11).

돈을 아껴야 한다. 교인들은 목사가 돈을 아끼는 모습을 보고 헌금한다. 자신들이 헌금한 돈이 효과 있게 쓰여 지지 않는다고 생각하면 헌금하지 않을 것이다. 수입에 맞추어서 사용하여야 한다. 그러나 항상 돈을 아끼는 것은 아니다. 돈을 아끼지만 수입을 창출하는 돈은 사용한다. 그런 돈을 쓰지 않으면 수입은 줄어든다.

교회에서 시험에 드는 돈은 무엇인가? 목회자의 자동차와 해외여행이다. 자동차를 잘못 운영하면 교인들이 헌금하지 않고 재정은 핍절하게 된다. 교회의 자동차에 너무 많이 투자하지 말라. 교회 자동차가 새것이 아니더라고 백 명이 될 수 있다. 목사의 자동차에 재정을 많이 투자하면 모아두었던 것이 사라진다. 그러면 시험에 드는 성도가 반드시 있다. 성도들은 좋은 자동차를 탈지라도 거기에 개의치 말아야한다.

목회자는 해외여행을 조심해야 한다. 성도들은 해외여행을 즐길지라도 목회자가 덩달아 즐기는 형태를 가지면 안 된다. 목회자에게는 주님이 제일이어야 한다. 목회자의 즐거움은 주님이어야 한다. 돈 관리를 잘못하면 교회는 100명이 될 수 없다.

공간 확보에 돈을 쓰라

"이제 너희는 마음과 정신을 진정하여 너희 하나님 여호와를 구하고 일어나서 여호와 하나님의 성소를 건축하고 여호와의 언약궤와 하나님의 거룩한 기구를 가져다가 여호와의 이름을 위하여 건축한 전에 드리게 하라 하였더라"(대상 22:19).

결정적인 순간에 공간을 확보하지 못하면 교회는 지속적으로 부흥할 수 없다. 공간을 확보하는데 비용을 투자할 수 있어야 한다. 공간 확보를 하는데 돈을 저축하여 두거나 어떻게 하면 공간 확보를 위한 돈이 나오는지를 알아야 한다.

교회론에서 공간은 학대받는다. 그러나 하나님 중심이 분명하다면 주님을 위한 공간은 나쁜 것이 아니다. 이 세상에서 돈을 들여 공간을 만들고 그것이 하나님께 쓰인다면 위대한 일이다. 그런 곳에 돈이 쓰여진다면 너무 잘하는 것이다.

헌금과 인재양성

우리는 헌금으로 하나님이 기뻐하시는 일을 해야 한다. 헌금으로 역사 속에서 우리의 책임을 다해야 한다. 예수님이 십자가의 보혈로 구속하셨다고 해서 성도들은 헌금을 하는 것이다. 그 헌금이 가장 요긴하게 쓰여야 하는 것이다. 그래야 성도들도 헌금하는 기쁨이 있을 것이다. 교회 돈을 쓰는 순서를 명확하게 정해야 한다.

1. 교회 건물 유지비
2. 최소한의 생활비 - 예배를 위한 필요비용
3. 교회건물 확장비 - 교회내부 꾸미는 비용(최소한의 것)
4. 교인을 위한 활동비
5. 교회의 인재를 양성하기 위한 투자

6. 선교와 전도를 위한 투자

7. 장기적인 교인복지와 교회 확장을 위한 투자

이러한 순서는 꼭 정해진 것은 아니다. 때로는 상황에 따라 바뀔 수가 있는 것이다. 그러나 순서는 명확하게 있어야 한다. 나는 1번과 3번에 치중한 느낌이다. 인테리어는 별로 없었다. 기도와 말씀만 있으면 된다고 생각하였다.

헌금과 기도

교회의 재정은 항상 필요하지만 재정을 강요하지 말라. 기도를 많이 하게 해야 헌금이 나온다. 기도운동하면 헌금이 올라간다.

십일조를 왜 해야 하는 지를 가르쳐 주어야 한다. 십일조는 대표적으로 드리는 것이다. 십일조를 드리면 다 드리는 것이라고 가르쳐 주어야 한다. 건축헌금을 드리라고 강조하지 않았다. 작게 헌금하라고 해도 교인들은 자기 생각대로 한다. 헌금을 많이 하라고 해도 자기 마음대로 한다. "헌금은 우리가 알아서 하는 것입니다"라고 하는 것 같다.

재정의 축복을 위하여 기도해야 한다. "십일조를 모든 성도들이 드릴 수 있도록 도와주세요. 십일조 1000만원하는 분이 생기게 해주세요. 100만원을 십일조로 드리는 성도들이 있게 하여 주시옵소서"라고 기도하는 것이다. 하나님께 내가 쓰려고 하는 것이 얼마인지 아시니까 달라고 간구하였다. 매주 현재의 교회 환경을 생각하고 "얼마를 채워 주옵소서"라고 기도드렸다. 하나님은 응답하여 주셨다.

꼭 필요하지 않는 부분에 대해서는 헌금을 아껴야 한다. 성도들이 잘 먹게 한다고 해서 교회가 부흥하는 것이 아니다. 인생의 승부, 목회의 승부는 하나님과의 연결로 결정된다. 기도, 찬양, 예배는 연결이다. 예배의 성공을 위하여 말씀에 입각한 삶을 살아야 한다. 꼭 필요한 곳에 물질을 쓰라. 그래야 목회는 성공한다.

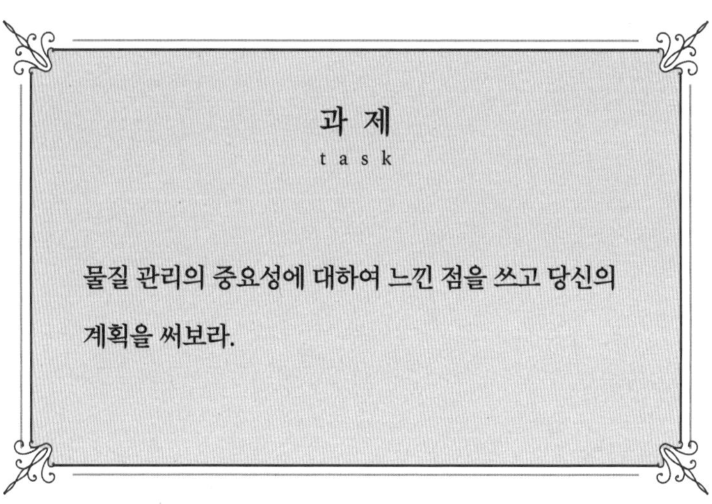

반드시 부흥할 수 있습니다

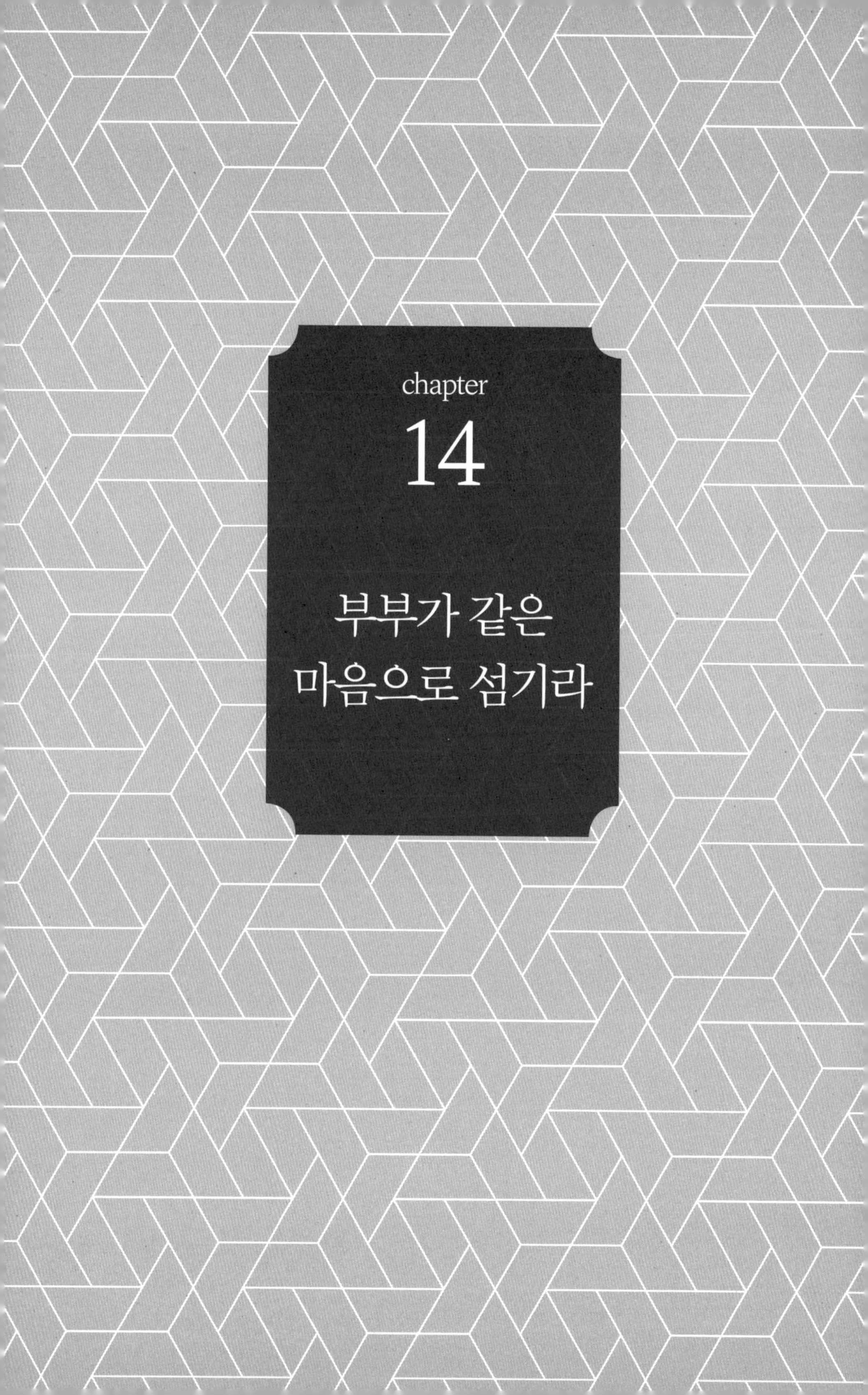

chapter

14

부부가 같은
마음으로 섬기라

"두 사람이 한 사람보다 나음은 그들이 수고함으로 좋은 상을 얻을 것임이라 혹시 그들이 넘어지면 하나가 그 동무를 붙들어 일으키려니와 홀로 있어 넘어지고 붙들어 일으킬 자가 없는 자에게는 화가 있으리라 또 두 사람이 함께 누우면 따뜻하거니와 한 사람이면 어찌 따뜻하랴 한 사람이면 패하겠거니와 두 사람이면 맞설 수 있나니 세 겹 줄은 쉽게 끊어지지 아니하느니라"(전 4:9-12).

주기철 목사 뒤에는 오정순 사모가 있었다. 오정순 사모가 있었기에 주기철 목사는 순교할 수 있었다. 그 당시 일본은 여인의 마음을 이용하고자 하였다. 아내를 사랑하는 마음과 가정의 편안함을 이용하고자 하였다. 더구나 주기철 목사의 효심을 이용해서라도 그의 신앙의 절개를 회유하려고 하였다.

감옥에 가두었다가 죽을 것 같은 상황 속에서 풀어주었다. 주기철 목사는 석방되었다. 집으로 갔다. 사모는 남편이 순교할 것을 기대하고 있었는데 순교하지 않고 집으로 오자 놀랐다. 사모는 남편을 돌려보냈다고 한다. 이 대목에서 우리는 울 수밖에 없다. 아내의 신앙이 없으면 목회를 못한다는 것이다. 그렇다. 목회는 아내와 한 마음이 되지 않으면 할 수 없다.

홀로 목회하신 목사님이 계신다. 그 목사님이 얼마나 외로워하시는지 모른다. 아내가 동행하여 주었다면 얼마나 좋았을까! 사모님이 동행하지 않으니 벽지로 돌아다니면서 목회를 하다가 종국에 선교사로 가셨다. 그것도 괜찮다. 혼자라도 처절하게 목회하는 것이 좋은 것이다. 그러나 더 좋은 것은 둘이서 처절하게 목회하는 것이다.

사모의 역할

"한 마음과 한 입으로 하나님 곧 우리 주 예수 그리스도의 아버지께 영광을 돌리게 하려 하노라"(롬 15:6).

성도가 얼마 안 될 때 목회자의 아내의 역할은 대단히 중요하다. 아니 교회가 커져도 목회자의 아내의 역할은 더욱 더 중요하다. 보이는 곳과 보이지 않는 곳에서 목회자의 아내의 역할은 대단히 중요하다.

교회는 많은 손을 필요로 한다. 교회가 작을 때 교역자 하나의 역할을 감당하는 성도가 목회자의 아내이다. 양지에서의 목회자의 아내의 역할이 언젠가 종료되어야 하기도 하겠지만 음지에서의 목회자의 아내의 역할은 더욱 더 중차대하여 진다.

한번 상상하여 보자. 정말 교인에게 필요한 사람이 10명이 있다고 해보자. 100명이 되는 것은 시간문제가 아닌가. 시들어가는 영혼이 많은데, 죽어가는 영혼이 많은데, 그들을 살릴 수 있는 수준의 사람이 많으면 그 교회는 부흥하는 것이 아닌가.

초점을 제대로 맞추어 교육되고 훈련되고 준비된 사모의 역할은 대단히 중요하다. 우선 부부가 같은 마음이어야 한다. 100명의 교인이 되어야 살 수 있다. 부부가 살 수 있다. 현실적으로 말이다. 아이들도 최소한의 교육을 받을 수 있다. 그러면 힘을 합하여야 하지 않겠는가. 자신들의 목적을 하나로 만들어야 하지 않겠는가. 목회 현장에서 교역자들이 먹고 살 수 있는 것을 최고의 목적으로 두지는 않는다. 그러나 그것은 주변적인 목표이지만 하나님이 너는 죽으나 사나 목회하여 성공하여 살아야 한다고 하시는 것이 아닌가.

물론 목회의 성공이 100명은 아니다. 그러나 영혼을 부부가 다같이 사랑하여 100명이 되었다는 것은 자랑일 수 있지 않는가. 힘없는 연약한 자를 위하여 울고 사랑하다 보니 100명이 모였다는 것은 자랑일 수 있다.

부부가 같은 사역자이다. 동역자이다. 나의 아내는 서울을 떠나 시골로 오자, 이제 변하여야 한다는 것을 직감한 것 같았다. 성도들의 손발이 되기 위하여 어디든지 갔다. 시장에 성도들이 있으면 시장에 가고 성도들이 병원에 가면 병원에 갔다. 밤낮으로 성도들을 같이 섬겼다.

평생 동지

"네 헛된 평생의 모든 날 곧 하나님이 해 아래서 네게 주신 모든 헛된 날에 사랑하는 아내와 함께 즐겁게 살찌어다 이는 네가 일평생에 해 아래서 수고하고 얻은 분복이니라"(전 9:9).

아내는 평생 동지이자 평생 교인이다. 사랑과 진심으로 대해야 한다. 헤어 질 수 없는 아내가 아닌가? 평생 동지에게 잘해주어야 한다. 마음에 안 들어도 구박하지 말고 중심을 잊지 말라.

평생 사역자인 아내를 목회자는 목표를 갖고 성장시켜야 한다. 기도와 말씀으로 성장시켜야 한다. 처박아 놓고 아무 말도 못하게 하지 말라. 복음을 말하게 하고 성도들과 함께 눈물을 흘리도록 해야 한다.

가난한 성도들을 돕게 해야 한다. 그래서 그 기쁨을 누리도록 해야 한다.

목회자의 아내가 교회에서 제자훈련을 하고 거룩한 사역의 일에 참여해야 한다. 성도들은 양성해서 거룩한 동역자로 삼는데 목회자의 아내는 제외될 수 없다. 세상에 그런 논리는 없다.

아내가 너무 준비되지 않았으면 차선책으로 아예 감추는 것이다. 목회자의 아내가 자기 역할을 잘 감당하면 좋은데 너무 덕이 안 되니 감추자는 것이다.

그러나 감춘다고 해서 감추어지는가? 평생 동지를 공부도 시키고, 기도도 같이하고, 사역도 같이 하되, 상처를 입을 상황에서는 가능한 피하고 성장하고 빛을 발 할 수 있는 방향으로 나아가야 할 것이다.

부부가 서로 축복하라

"너를 축복하는 자에게는 내가 복을 내리고 너를 저주하는 자에게는 내가 저주하리니 땅의 모든 족속이 너를 인하여 복을 얻을 것이니라 하신지라"(창 12:3).

삶이란 만만치 않은 것이다. 아무리 어려워도 부부가 서로 사랑하고 아끼면 다 이길 수 있지만, 그게 마음대로 안 되는 것이다. 그러나 부부사이도 하나님의 역사를 믿으라. 하나님이 역사하면 된다는 것을 민으라. 하나님의 신비가 부부사이에도 역사하신다. 얼마나 많은 목회자 부부가 문제가 많은지 모른다.

하나님은 부부가 사이가 좋기를 바라신다. 서로가 손잡는 것을 좋아하신다. 손잡고 기도하는 것을 좋아하신다. 그래서 부부가 자기 전에 서로 축복하는 것이다. 먼저 아내가 무릎을 꿇고 기도를 받는다. 그러면 남편은 아내를 위하여 기도한다. 그 다음은 아내가 남편을 위하여 기도한다. 그 짧은 기도 속에서 영적인 교류가 일어난다. 각자의 일속에 빠지기 쉽기 때문에 잘못되면 큰 문제가 생긴다.

나는 1981년도 결혼 당시 평생 아내를 때리지 않겠다고 결심하였다. 그것은 아내에게 약속한 것이 아니었다. 나를 두고 맹세했다. 내가 어렸을 때 부모님이 폭력적으로 싸우는 것이 너무나 싫었기 때문이다. 그렇지만 나는 마음으로 아내를 가끔 때리고 있었다.

그러다가 서로를 위하여 기도하여 주고 잠을 자기로 하였다. 그렇게 하는 순간 나는 성령의 임재를 느꼈다. 아내가 사랑스러웠다. 그 후 지금도 서로 사역을 위하여 돕는 역할을 잘 감당하고 있다.

눈물로 합심하여 기도하라

"눈물을 흘리며 씨를 뿌리는 자는 기쁨으로 거두리로다"(시 126:5).

꿈이 쉽게 이루어지지 않을 때 그것이 스트레스가 된다. 스트레스를 정상적으로 해결하지 않으면 큰 문제가 된다. 몸과 마음의 질병을

유발시킨다.

그러므로 울어야 산다. 눈물로 나중에 폭발하여 문제가 될 것을 미리 예방하는 것이다. 부부가 같이 기도하여 운다는 것은 정말 하나님을 감동하게 하는 것이다. 사역이 깊어지고 사역에 공유 감을 가진다. 서로에 대하여 무언의 합의가 이루어진다. 사랑과 이해가 깊어진다. 어려움을 이기는 힘이 강해진다.

그리고 또 해결되는 것이 있다. 부부가 합하여 눈물을 흘릴 때 가정의 문제는 저절로 해결이 되는 것이다. 아이들이 잘 자라주는 것이다. 아이들은 부모의 눈물에서 깊은 감동을 받는 것이다.

우리 부부는 손잡고 기도를 많이 했다. 같이 기도하면서 하나님께 회개를 많이 했다. 그것을 아이들이 본받았다. 자녀들의 영적 교육과 가정교육이 저절로 해결되었다. 말썽부리는 아이들이 없었다. 교육은 성령의 역사로 된다는 것을 믿는다.

사모도 발전시켜라

"이 모든 일에 전심 전력하여 너의 진보를 모든 사람에게 나타나게 하라"(딤전 4:15).

목회자의 아내도 발전해야 한다. 영성 부분에서 발전해야 한다. 지성적으로도 발전해야 한다. 건강도 유지해야 한다. 발전은 끝이 없다.

그러나 발전해야 한다.

한 두 해로 목회는 끝나지 않는다. 평생 동안 목회해야 한다. 너무 한 곳에 치우치지 않도록 해야 한다. 기도해야 한다. 성경도 공부해야 한다. 성경과 관련된 지식적인 부분에 탁월하면 좋다.

곽선희 목사님의 사모님은 항상 책을 읽는다. 책을 읽고 목사님께 세상 돌아가는 이야기를 그대로 해준다. 목회자는 항상 정보에 시달리고 있다. 세상에 신선한 감동을 주는 이야기가 필요하다.

목회자의 사모는 그 일에 가담하여야 한다. 막강한 영성과 지성도 필요하다. 사모는 아무나 할 수 있는 일이 아니다. 그렇다고 해서 처음부터 사모로 태어난 사람은 없다. 자기를 발전시켜야 하는 것이다.

목회자는 발전을 도와주어야 한다. 그렇다고 해서 돈 안 들고 지성적으로 발전시켜 주는 곳이 별로 없다. 돈을 안 들이고 하는 모임도 만들면 되지만 그렇게 하는 곳도 없고, 하더라도 사모들도 오지 않는다. 책임지는 사람도 없고 시달리고 있는 사모들을 체계적으로 가르쳐 주는 곳도 없다.

목회자들은 지친 사모, 시달린 사람, 건강이 가버린 사람들을 위로하고 치유하기 바쁘다. 그러다가 병이 들어서 죽는다. 그래서는 안 된다. 사랑한다면 여러 가지로 발전하게 해야 한다. 사모가 건강하게 하고 기도도 열심히 하고 공부도 하게 해서 교회 안에서 할 일을 주어야 한다. 평생 성도인 사모를 발전시키자.

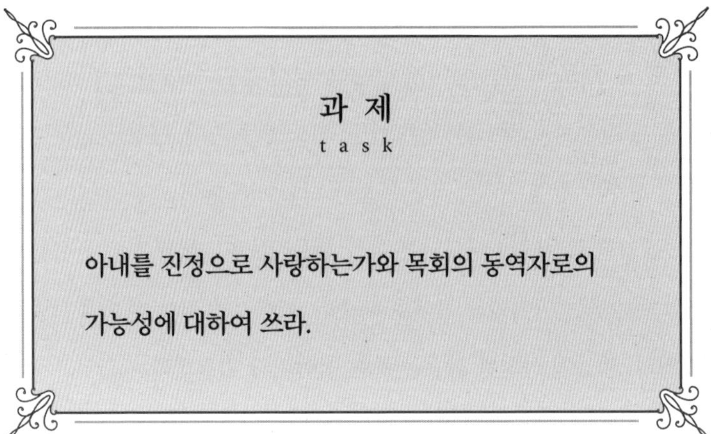
과 제
t a s k

아내를 진정으로 사랑하는가와 목회의 동역자로의
가능성에 대하여 쓰라.

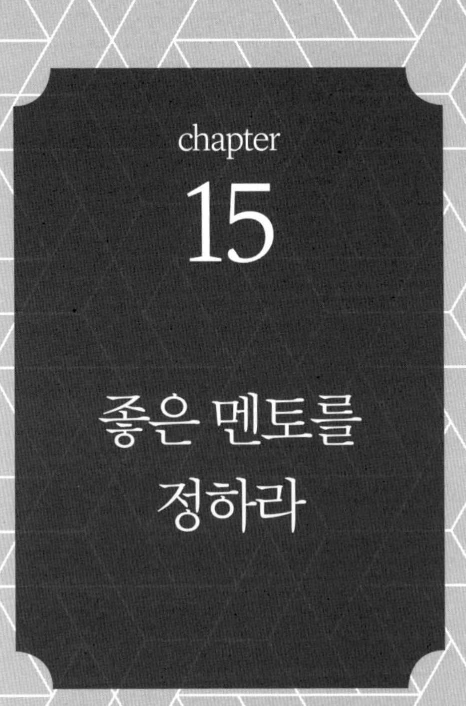
chapter
15

좋은 멘토를
정하라

"훈계를 들어서 지혜를 얻으라 그것을 버리지 말라 누구든지 게 들으며

날마다 내 문 곁에서 기다리며 문설주 옆에서 기다리는 자는 복이 있나니

대저 나를 얻는 자는 생명을 얻고 여호와께 은총을 얻을 것임이니라 그러나

나를 잃는 자는 자기의 영혼을 해하는 자라 나를 미워하는 자는 사망을

사랑하느니라"(잠 8:33-36).

인생은 쉽게 어리석어진다

사람은 가만히 두면 쉽게 어리석어진다. 교육을 통해 잘 갈고 닦으면 무한한 가능성이 있다. 교육과 배움이 필요하다. 코치가 필요하다. 코치가 없으면 인생은 망가진다. 배움이 없으면 망가진다.

그러나 배움도 무엇을 먼저 공부하는가는 중요하다. 무엇보다 자신이 어떤 영적인 부분이 부족한지를 알아야 한다. 조상으로부터 무슨 유산을 받았는지도 알아야 한다.

조상으로부터 오는 나쁜 유산도 잘 생각하여 극복해야 한다. 우리는 여러 가지 멘토가 필요하다. 영적인 멘토, 목회적인 멘토, 학자적인 멘토 그리고 우리를 항상 위로하고 격려하여 줄 멘토가 필요하다.

사랑하고 축복하고 위로하여 줄 멘토

"사랑하는 아들 디모데에게 편지하노니 하나님 아버지와 그리스도 예수 우리 주께로부터 은혜와 긍휼과 평강이 네게 있을찌어다"(딤후 1:2).

우리 영혼이 힘들어질 때 사랑과 축복을 받아야 한다. 우리를 위하여 기도하여 줄 멘토가 필요하다. 기도로 강하게 도와주는 사람이 없는 교역자는 외롭다. 멀리 날아갈 수 없다.

아내가 사역을 위하여 축복하고 기도하여 주면 좋다. 그러나 그렇게 안 된다고 할지라도 실망할 필요는 없다. 우리는 헤쳐 나가야 한다. 안 된다고 해서 한탄할 필요는 없다. 끊임없이 나를 위해 기도하여 주는 사람을 만나고 찾아야 한다.

그런 적절한 사람이 있다면 돈을 쓰더라도 나를 위하여 기도하게 만들어야 한다. 기도는 동냥이라도 얻어야 하는 것이다. 우리가 잘못하였을 때라도 격려하여 줄 멘토가 필요한 것이다.

진심으로 충고하여 줄 멘토

"아들 디모데야 내가 네게 이 경계로써 명하노니 전에 너를 지도한 예언을 따라 그것으로 선한 싸움을 싸우며"(딤전 1:18).

무엇이든지 닮고 싶은 멘토, 존경하기에 그가 말하면 들을 수밖에 없는 멘토가 있는 자는 행복하다. 그런 분은 그냥 생기는 것이 아니다. 그런 멘토를 모시기 위해 투자하는 것이다.

내가 잘못하였을 때 충고하는 멘토를 얻기를 원하는 사람은 많지 않다. 만약 당신이 그런 멘토를 중심에서 얻기 원한다면 당신은 확실히 100명을 넘을 수 있다.

사람들은 진심의 충고를, 올바른 방향의 충고를 싫어한다. 그러나 그것에 귀를 기울일 줄 아는 자가 되어야 한다. 진심어린 충고를 보통 목회자는 안 듣는다. 목회자는 다른 목회자의 이야기에 귀를 기울이지 않는다. 목회자는 아내의 말에 귀를 기울이지 않는다. 목회자는 자기 스승의 이야기도, 자기 교인들의 이야기도 듣지 않는다. 그래서 목회가 안 되는 것이다. 세상에 남의 말을 제일 안 듣는 사람이 목회자라는 말이 있다.

다른 사람의 말을 들을 줄을 알아야 한다. 물론 너무 귀가 얇아서는 안 된다. 그러나 그 말이 의미하는 바가 무엇인지를 알아야 한다. 귀가 막히면 축복도 막히는 것이다.

나는 정말 어려운 이야기를 들을 줄을 알았다. 그 말이 교회를 위하여 진정으로 도움이 된다면 나는 수용하고 시행하였다.

영적인 멘토

"믿음 안에서 참 아들 된 디모데에게 편지하노니 하나님 아버지와 그리스도 예수 우리 주께로부터 은혜와 긍휼과 평강이 네게 있을찌어다"(딤전 1:2).

나의 영을 보는 자가 필요하다. 나의 영적인 상태를 점검하고 다음 단계가 무엇인지를 알려주는 영적인 멘토가 필요하다. 영적인 멘토가 필요하다고 생각하는 사람은 많지 않다.

이 세상은 이성적인 세계만 있는 것이 아니다. 영적인 세계도 존재한다. 나에게 영적인 멘토가 있었다. 나를 영적으로 세워 줄 영적인 멘토가 있었기에 이만큼 성장 할 수 있었다.

그러나 그와는 상당한 기간 동안 결별하였다. 내가 나의 생각을 고집하였고 그가 나와 더 이상 관련성을 가질 수 없었기 때문인 것 같다. 좋은 영적인 책의 저자들을 나의 영적인 멘토로 삼고 있다. 그분들과 교통하고 있다. 나를 지도해 줄만한 분이 영적인 멘토가 되기에 너무 바쁜 것이다.

영적인 문제를 해석하고 진단하는 잣대를 가지지 않으면 소경이 소경을 인도하는 것과 같다. 영적인 멘토가 필요하다. 신앙과 현실을 연결하여 줄 수 있는 멘토가 필요한 것이다.

행정적인 멘토

"모세의 장인이 모세가 백성에게 행하는 모든 일을 보고 이르되 네가 이 백성에게 행하는 이 일이 어찌 됨이냐 어찌하여 네가 홀로 앉아 있고 백성은 아침부터 저녁까지 네 곁에 서 있느냐 모세가 그의 장인에게 대답하되 백성이 하나님께 물으려고 내게로 옴이라 그들이 일이 있으면 내게로 오나니 내가 그 양쪽을 재판하여 하나님의 율례와 법도를 알게 하나이다 모세의 장인이 그에게 이르되 네가 하는 것이 옳지 못하도다"(출 18:14-17).

세상에서 영적인 것만으로 다 되지 않는다. 성령님이 행정적인 것과 법률적인 것을 다 가르쳐 주시지 않고 멘토를 통해서 해결하기를 원하시는 것이다.

교회라는 한 조직체는 행정적인 멘토를 필요로 한다. 성도들과 관련된 행정도 배워야 한다. 겸손히 배워서 목사는 행정에 능한 자가 되어야 한다. 교회의 모든 행정에 능한 자를 멘토로 두라. 그 목회자에게 무엇이든지 물어보라. 그래서 행정에 실수가 없도록 하라.

교회 행정이 정확하게 이루어지는 것이 필요하다. 사람을 세울 때에 행정적인 절차를 밟도록 해야 한다. 돈과 관련된 문제를 결정할 때 가능하면 기록을 남기는 것이 필요하다.

초기 교회가 성장할 때 최소한 그럴듯한 모습을 보여주는 것이 필요하다. 재정은 집사를 임명하여 맡기는 것이 좋다. 임명하여 계산을 하되 돈이 좀 많아지면 믿으면 안 된다. 항상 두 사람이 재정을 보게 하라. 계산하는 사람과 돈을 입금시키는 자를 항상 다르게 세우는 것이 좋다. 그리고 통장은 항상 목회자가 확인하는 것이 중요하다.

교회는 법적인 문제가 오고 간다. 요즘은 모든 사람들이 법적으로 생각하는 것에 능하다. 법적인 실수가 있으면 얼마든지 악용할 수 있다. 법적인 것에 대하여 생각하여야 하는데, 이를 법적 정신이라고 한다.

한 문제를 보면서 법적인 것이 어느 정도까지 적용되는가를 다 알 수가 없으나 좀 이상하면 물어보는 것이 중요하다.

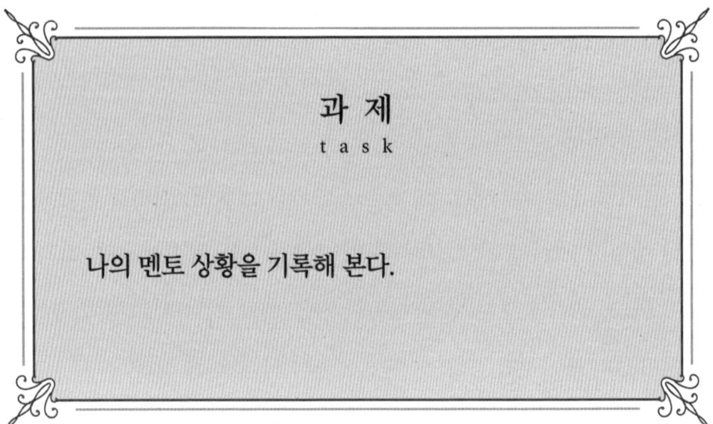
반드시 부흥할 수 있습니다
과 제
t a s k
나의 멘토 상황을 기록해 본다.

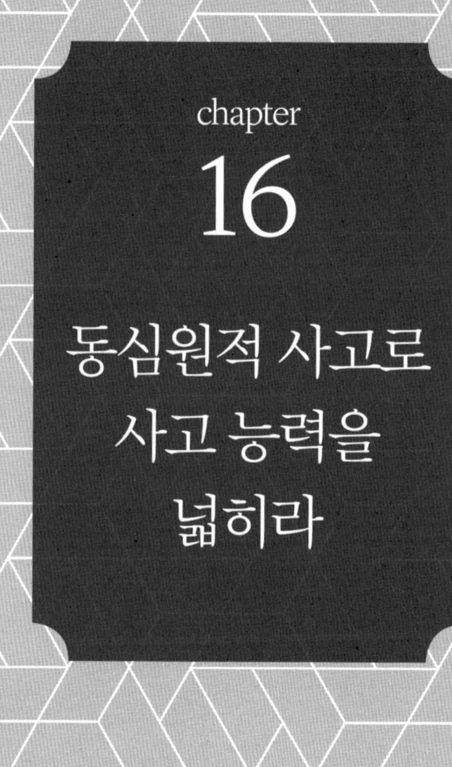

chapter
16
동심원적 사고로
사고 능력을
넓히라

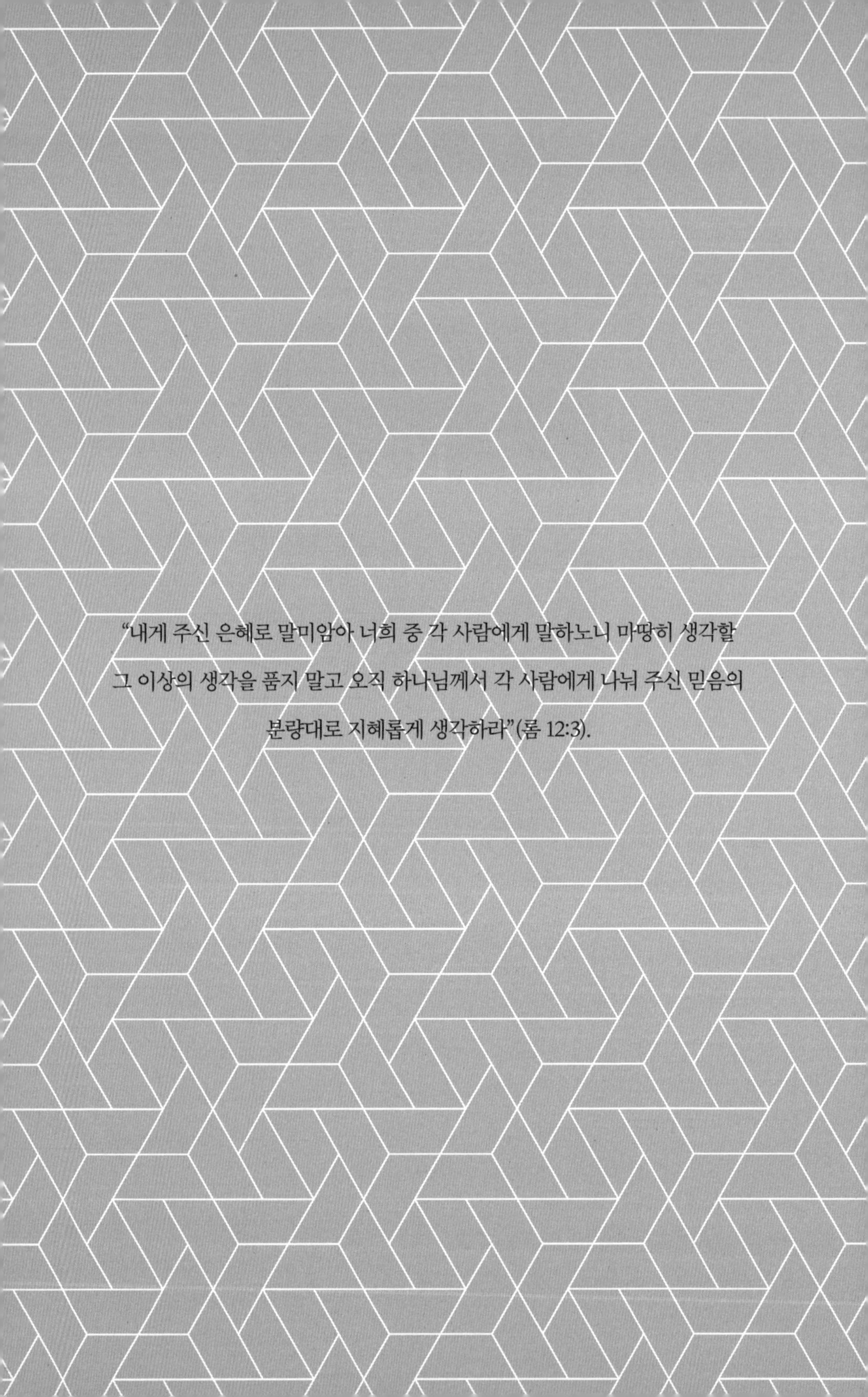

"내게 주신 은혜로 말미암아 너희 중 각 사람에게 말하노니 마땅히 생각할

그 이상의 생각을 품지 말고 오직 하나님께서 각 사람에게 나눠 주신 믿음의

분량대로 지혜롭게 생각하라"(롬 12:3).

생각하는 방법

목회자의 세계에서는 생각하는 방법이 능하여야 한다. 목회자가 생각하는 훈련이 잘되어 있어야 다른 사람의 생각을 알아낼 수 있다. 다른 사람의 생각을 분별하지 못하면 우리는 목회를 할 수 없다. 생각하는 방법은 다음과 같이 나눌 수 있다.

이분법적 사고와 통합적 사고

"만일 여호와를 섬기는 것이 너희에게 좋지 않게 보이거든 너희 열조가 강 저편에서 섬기던 신이든지 혹 너희의 거하는 땅 아모리 사람의 신이든지 너희 섬길 자를 오늘날 택하라 오직 나와 내 집은 여호와를 섬기겠노라 너희는 육체를 따라 판단하나 나는 아무도 판단치 아니하노라"(수 24:15).

"너희는 육체를 따라 판단하나 나는 아무도 판단치 아니하노라"(요 8:15).

선악과를 먹은 인간은 선악을 이분법적으로 구분하여 생각하는 것을 좋아한다. 천국과 지옥, 중간은 없다. 성령과 악령, 사랑과 미움 이렇게 말이다. 이분법적 사고가 사람들에게 익숙하여져 있다.

그래서 이분법적 사고로 설교하면 잘 먹힌다. 이렇게 해야 할 때가 있다. "저것들은 이단입니다. 그래야 합니다. 그것은 안 됩니다." 이런 설교와 판단을 사람들을 좋아한다. 하지만 이런 설교를 너무 오래하면 사람들은 감당할 수 없다. 사람은 이분법적으로만 판단할 수는 없는 존재이기 때문이다. 그래서 통합적 사고가 필요하다. 여러 가지 개념이 같이 들어가 있는 생각을 할 줄 알아야 한다는 것이다.

인간은 성령과 악령, 이 둘의 개입이 가능한 존재이다. 선명하게 잘라서 사람을 판단할 수 없다. 여러 가지 개념을 복합적으로 생각해야 하는 존재이기에 우리는 공부도 하고, 연구도 하고, 설교도 하는 것이다. 필요할 때는 이분법적인 사고방식을 사용해야 하지만 조심해야 한다. 사람은 선과 악, 중심과 주변의 통합적 존재이기 때문이다.

우선순위적 사고

"그런즉 너희는 먼저 그의 나라와 그의 의를 구하라 그리하면 이 모든 것을 너희에게 더하시리라 그러므로 내일 일을 위하여 염려하지 말라 내일 일은 내일이 염려할 것이요 한 날의 괴로움은 그 날로 족하니라"(마 6:33-34).

무엇이 우선인가가 중요하다. 인생은 순서이다. 순서에 입각하여 일을 진행해야 한다. 그 순서가 항상 동일한 것은 아니다. 때로는 남편이 우선일 수 있고, 자녀가 우선일 때도 있다. 때로는 성도가 우선일 수도 있다.

우선순위를 정하는 데는 믿음과 철학이 필요하다. 우선순위를 어떻게 정하는 가에 따라 그 사람의 믿음과 철학과 장래를 알 수 있다.

통시적 사고과 단면적 사고

"옛날을 기억하라 역대의 연대를 생각하라 네 아비에게 물으라 그가 네게 설명할 것이요 네 어른들에게 물으라 그들이 네게 이르리로다"(신 32:7).

"그 넓이와 길이와 높이와 깊이가 어떠함을 깨달아 하나님의 모든 충만하신 것으로 너희에게 충만하게 하시기를 구하노라"(엡 3:19).

한 인간이 어릴 때부터 어떻게 살아왔는지를 생각하는 방법이다. 연대기와 같이 정리할 수도 있겠지만 그 속에 하나님의 인도하심이 있었을 것이다. 이 사고방식은 사람이라는 것이 좀처럼 바뀌지지 않는다는 사고방식에서 다른 사람을 평가하는 방법으로 채택된다. 그 연장선상에서 현재를 평가한다. 이 방법은 기독교에서 주로 사용하지 않지만 이것도 만만찮게 중요하다. 이것을 율법이라고 생각하면 되리라고 본다.

지금 상황이 어떤가를 보는 방법, 지금 상황을 종합적으로 보아 전체 사고구조와 삶의 정황 전체를 파악하는 방법이다. 통시적인 측면이 없지만 그래도 지금 전체적인 구조를 파악하는데 중요하다. 그리고 그런 측면, 측면이 모여 한 인간의 역사를 이루는 것이다.

발달론적 입장의 사고

"주께 합당히 행하여 범사에 기쁘시게 하고 모든 선한 일에 열매를 맺게 하시며 하나님을 아는 것에 자라게 하시고"(골 1:10).

사람은 발달론적인 입장에서 보아야한다. 사람은 좀처럼 급격하게 변하지 않는다. 그러나 사람은 계속해서 발전할 가능성이 많다. 사람이 한 번 실패하면 계속 실패할 가능성이 많다. 나는 나를 급격하게 변해야 할 대상으로 보았다. 그러나 성도들을 급격하게 변해야 할 대상으로 보지 않았다.

어떤 성도는 현재 믿음이 일 단계 수준 밖에 안 되지만 진실하기 때문에 상승의 여지가 많다고 보고, 그런 측면에서 칭찬하는 것이다. 현재 믿음이 크고 가진 것이 많다고 할지라도 그 믿음의 구조가 노쇠기에 있는 성도는 속마음으로 싸늘한 눈초리로 볼 수 있을 것이다.

사람을 현 상황으로만 본다면 무슨 목회를 할 수 있겠는가? 나는 발달론적인 입장에서 성도들을 보려고 하는 마음 때문에 교회가 부흥

했다고 생각하고 있다. 그것은 하나님이 주시는 마음이고 하나님 또한 발달론적인 입장에서 사람을 보고 선택한다고 생각한다.

동심원적 사고

"예수께서 이르시되 네 마음을 다하고 목숨을 다하고 뜻을 다하여 주 너의 하나님을 사랑하라 하셨으니 이것이 크고 첫째 되는 계명이요 둘째도 그와 같으니 네 이웃을 네 자신 같이 사랑하라 하셨으니 이 두 계명이 온 율법과 선지자의 강령이니라"(마 22:37-40).

동심원적 사고방식은 존 칼빈의 사고방식이다. 칼빈은 다른 두 개의 사물을 볼 때에 이것은 옳고 저것은 그르다고 본 것이 아니라, 중심적인 것과 주변적인 것으로 연결해서 보았다.

칼빈의 신학은 성부, 성자, 성령중심의 신학이다. 삼위일체 중심의 신학인 것이다. 그의 사고의 중심에는 삼위일체가 있다. 성경의 해석도 삼위일체 중심으로 해석하는 것이다. 성삼위일체 하나님이 동심원의 중심에 계시다.

그 중심에 삼위일체 하나님이 명확하게 계신다면 그 동심원을 위한 집, 돈, 가정 그리고 회사 등 모두 그 정당성을 가지고 있는 것이다. 동심원적 사고에서 동심원의 중심이 삼위일체 하나님이 아니라면 의미가 없는 것이다.

우리 교회는 동심원적 사고방식을 가르치기 위해서 교회의 중앙에 동심원을 철 구조물로 설치하여 놓았다. 이 동심원적인 사고방식을 모든 성도들이 가져야 한다고 생각하기 때문이다. 그럼에도 불구하고 이분법적으로 생각하는 성도들이 많고 그 때문에 이단에 넘어 갈 수도 있다.

중심을 분명하게 강하게

"예수께서 이르시되 네 마음을 다하고 목숨을 다하고 뜻을 다하여 주 너의 하나님을 사랑하라 하셨으니 이것이 크고 첫째 되는 계명이요"(마 22:37-38).

이분법적 사고의 장점은 선명성이다. 동심원적 사고방식은 좋기는 하지만 사람들이 쉽게 자기를 합리화시키는 도구로 사용한다. 하나님을 위한 것이면 괜찮다고 하면서 자기 맘대로 할 경향이 있다. 그래서 기도가 동반되어야 한다.

동심원적 사고로 승리하기를 원하는 목사와 성도는 중심 지향성이 아주 강해야 하는 것이다. 중심 지향성이 약하면 믿음은 약화되고 흔들리게 된다.

신앙의 문제는 거의 모두 이 문제이다. 중심을 분명하게 하면 지평이 넓어진다. 얼마나 중심이 강한가에 따라 지평의 넓이를 알 수 있는 것이다. 하나님을 위한 자녀, 하나님을 위한 돈, 하나님을 위한 명예라고 하면서 막상 자기의 욕심을 채우는 경우가 많다. 그래서 이분법이 은혜가 되기도 하지만 상처를 많이 주는 것이다.

중심을 강하게 하기 위하여 기도하는 것이다. 신앙의 원심력이 약하면 넓게 나아갈 수 가 없다. 나는 중심이 강한 사람이기를 원하였다. 그래서 십자가 중심, 하나님 중심 그리고 예수 그리스도 중심의 신앙을 추구한다.

결국 나의 신앙은 십자가 중심의 신앙이다. 상상을 초월할 정도로 강하기를 사모한다. 중심이 강하지 않으면 나는 주변으로 뻗어 갈 수 없기 때문이다. 100명 교회 만드는 것에 이 사고가 너무 중요하다. 동심원적 사고방식을 잊지 말자. 중심을 분명하게 하는 것만큼 당신의 저변이 확대된다.

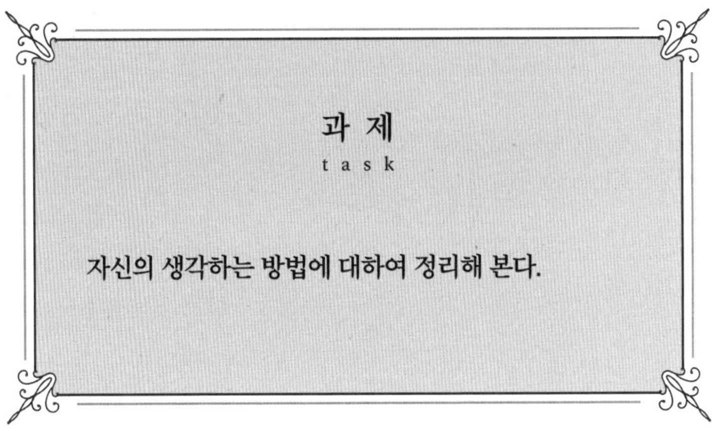

chapter
17

눈높이를
맞추라

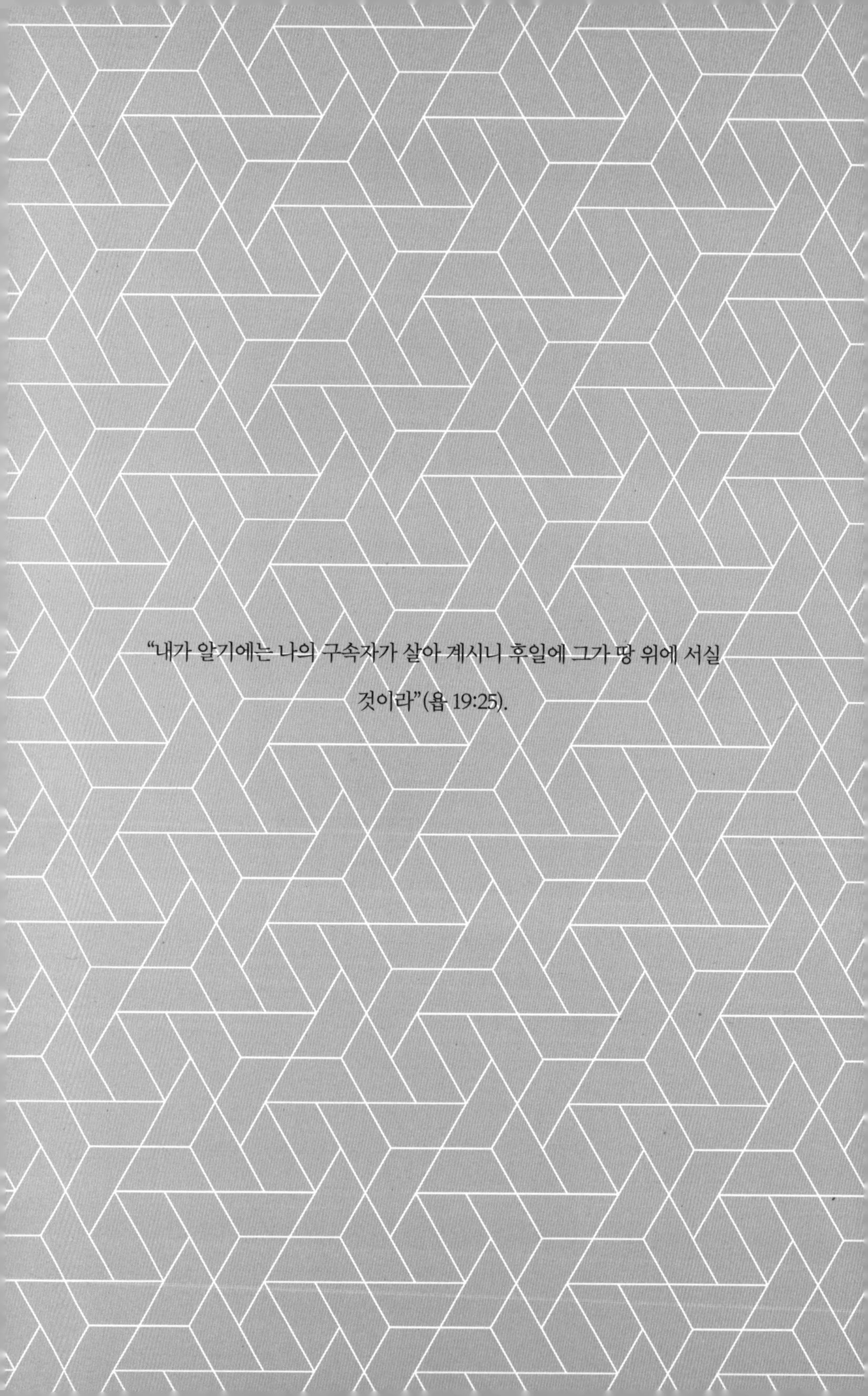
“내가 알기에는 나의 구속자가 살아 계시니 후일에 그가 땅 위에 서실
것이라”(욥 19:25).

목회는 눈높이이다. 눈높이를 위하여 예수님은 이 땅에 오셨다. 눈높이 목회를 해야 하는 것이다. 성도들의 믿음과 삶의 수준에 따라 다 다르게 말해야 하는 것이다. 그러기에 목사는 많이 알아야 하는가 보다. 그러나 너무 주눅 들지 말라. 100명 만드는 데는 이러한 사고만 가져도 좋은 것이다. 어거스틴는 "진정한 종교"에서 믿음을 10단계로 분류하였다. 이것이 바로 발달론적인 목회이다.

내가 상당한 차이가 나는 고수라면 하수는 절대로 나와 바둑을 두지 않으려고 할 것이다. 그러므로 상대가 10급이고 내가 1급이라고 하더라도 나는 한 8급 정도로 두는 것이다. 언제든지 상대편에서 바둑 한판하자고 할 정도로 두어야 하는 것이다.

감당하지 못할 이야기를 하지 말라. 헤겔은 역사를 지나치게 앞서 가는 사람은 사기꾼이라고 했다. 사람들은 눈높이에 맞추어 준다고 생각하여 교회에 나오는 것 아닌가? 그런데 거기에 배신하여 내 맘대로 고수의 바둑을 두면 대인관계는 실패하는 것이다.

한국교회의 부흥은 눈높이로 이루어졌다. 처음에는 전도가 불가능하였다. 그래서 보편적 마음에 호소하였다. 언더우드와 아펜젤러가 한국에 1885년 입국하였을 때 한국은 아직 복음을 수용할 수 있는 분위기가 조성되지 않았다.

결정적인 전도의 기회는 10년 후에 왔다. 전도의 기회가 오기까지 가만히 있었으면 열매가 없었을 것이다. 선교사들은 복음의 기회가 오기까지 박애의 선교 즉 학원선교와 병원선교를 한 것이었다. 그것이 사람들의 마음을 사로잡았다. 마음의 무장을 해제하게 한 것이다. 마음의 무장을 해제하고 난 뒤 결정적인 사건인 민비시해사건과 중일전쟁이 발생한다. 당시 백성들이 아무대도 기대할 것이 없게 하는 사건이었다. 울려고 해도 울 언덕이 없던 사람들이 결정적 순간이 오자 교회로 몰려들기 시작한 것이다.

신앙은 보편적이여야 함에도 불구하고 세상 사람들의 입장에서 보면 특수하다. 사람들의 입장에서 보면 아픈 사람을 고쳐주고 무엇을 가르쳐 준다는 것이 보편적 호소력이 있는 것이다.

성도들을 보면 보편적 호소력으로 다루어야 할 사람인지 은혜를 바로 받으면 해결될 사람인지를 구별하여야 한다. 초신자에게 헌금을 이야기 하면 안 된다. 주일에는 보편적인 설교를 해야 한다. 새벽기도에는 그렇게 하지 않아도 될 것이다. 교인이 30명에서 100명이 되려고 하면 30명을 다 다르게 대해야 한다. 한 사람씩 모두 다르게 카드를 만들어 놓고 대해야 한다. 똑같이 대우하면 어떤 사람은 만족하고 어떤 사람은 만족하지 않는다. 30명 모두가 개별적으로 목사님의 사랑을 받고 성장할 수 있도록 해야 하는 것이다.

눈높이 설교

"때가 오래 되었으므로 너희가 마땅히 선생이 되었을 터인데 너희가 다시 하나님의 말씀의 초보에 대하여 누구에게서 가르침을 받아야 할 처지이니 단단한 음식은 못 먹고 젖이나 먹어야 할 자가 되었도다 이는 젖을 먹는 자마다 어린 아이니 의의 말씀을 경험하지 못한 자요 단단한 음식은 장성한 자의 것이니 그들은 지각을 사용함으로 연단을 받아 선악을 분별하는 자들이니라"(히 5:12).

믿음의 수준에 따라 다르겠지만 장사꾼에게는 기도하면 물질 축복을 받는다고 해야 한다. 자녀가 있는 가정에서는 기도하는 자의 자식은 결단코 망하지 않는다고 해야 한다.

그러나 그런 이야기로 끝나서는 안 된다. 중심이 분명하게 있어야 한다. 서서히 중심으로 인도하고 영광의 설교와 성화의 설교로 한 인격의 구원으로 인도해야 할 것이다.

영혼 구원과 세상 구원의 관계를 설명하는데 탁월해야 하고 하나님께 영광을 돌리는 것이 결국에는 유리함을 설명해 나가야 한다. 모든 사람은 이기주의자이다. 사람을 이상적인 존재로 생각하면 안 된다. 모든 사람은 돈을 좋아한다. 이 바탕위에서 구원이라는 것이 무엇인지 설교해야 한다.

사람은 실존적인 존재이다. 사람들이 왜 회사를 위하여 일하는가? 자기를 위하여, 가족을 위하여, 돈을 위하여 일한다. 사람은 고상한 존재가 되어야 하지만 고상한 존재가 아니다. 너무 고상한 이야기를 하면 안 들을 것이다. 성도들이 현실적인 존재임을 잊었다면 나는 100명도 넘지 못하였을 것이다. 사람들은 고상한척 하지만 고상한 존재가 아니다.

성도에게 높은 수준을 원하지 말라

"형제들아 내가 신령한 자들을 대함과 같이 너희에게 말할 수 없어서 육신에 속한 자 곧 그리스도 안에서 어린 아이들을 대함과 같이 하노라 내가 너희를 젖으로 먹이고 밥으로 아니하였노니 이는 너희가 감당하지 못하였음이거니와 지금도 못하리라"(고전 3:1-2).

사람은 다 치사하다. 돈과 명예와 칭호에 치사하다. 한마디의 칭찬에 치사하다. 작은 일에도 시험에 드는 치사한 존재이다. 목회자도 마찬가지이다. 너무 상대편에게 높은 수준을 요구하고 예상하지 말라. 어떤 결과를 원하면 그 결과를 바로 말하지 말고 그 앞 단계를 강조하라.

곽선희 목사는 헌금 설교를 하지 않는다고 한다. 종말론 설교가 헌금 설교이다. 범사가 잘되려면 영혼이 잘되어야 함을 가르쳐 준다. 생명을 걸고 설교를 하라. 그러나 설교를 했다고 해서 변하였다고는 생각하지 말라. 설교를 잘 알아들었을 것이라고 생각하지 말라.

여의도순복음 교회의 제일 앞자리에 앉아서 고개를 끄덕끄덕하는 사람이 일 년 동안 교회를 잘 나와서 "은혜를 받았습니까?"라고 조용기 목사가 물어보니 "마누라가 앞자리에 앉으라고 해서 앉았다"라고 대답했다고 한다.

차라리 보슬비에 젖는다는 생각을 하라. 사람도 물리적인 존재이다. 투자하는 만큼 변한다. 먹은 만큼만 소화시킨다. 하루에 몇 시간을 투자한다고 변하겠는가?

초보에게 웃음과 기대를

"그들이 묻기를 마지 아니하는지라 이에 일어나 이르시되 너희 중에 죄 없는 자가 먼저 돌로 치라 하시고 다시 몸을 굽혀 손가락으로 땅에 쓰시니 그들이 이 말씀을 듣고 양심에 가책을 느껴 어른으로 시작하여 젊은이까지 하나씩 하나씩 나가고 오직 예수와 그 가운데 섰는 여자만 남았더라 예수께서 일어나사 여자 외에 아무도 없는 것을 보시고 이르시되 여자여 너를 고발하던 그들이 어디 있느냐 너를 정죄한 자가 없느냐 대답하되 주여 없나이다 예수께서 이르시되 나도 너를 정죄하지 아니하노니 가서 다시는 죄를 범하지 말라 하시니라"(요 8:7-11).

초보에게 웃음을 주라. 저질을 우습게 보지 말라. 저질은 저질대로 가치가 있는 것이다. 우리는 누구나 한 때 저질이었다. 똥 싸고 오줌 싸는 존재였다. 우리는 한 때 치사한 존재였다. 다른 사람들이 우리를 더럽다고 생각한 적이 있었을 것이다.

앞으로 그 사람이 좋아질 것을 생각하고, 웃어주고, 기대하여 주고, 아무렇지 않게 넘어가주는 것이다. 바람을 피운 자에게도 웃어주

라. '이 간음한 자식아'라고 속으로 비판하지 말라. '야! 힘 좋네. 그렇지만 그러면 안 되는 거야'라고 생각하라. 좋다고 해서 인정하라고 하는 것은 아니다.

"남자는 숟가락만 들면 여자를 생각한단다. 그것이 삶의 동력이라고 하는데... 그래서는 안 되지. 삶의 동력은 예수님이야"라고 말해 주며 정죄하지 말라. 간음은 나쁘다. 악한 것이다. 그러나 죄인을 사랑하고 그 위대한 주님을 가르쳐 주는 것이다. 참 생명을 경험토록 해야 한다. 그러기 위해서 죄인을 자르지 말라. 교회에서는 정죄하지 말라. 사기꾼도 정죄하지 말라. 더러운 죄도 정죄하지 말라. 그 사람이 변하여 좋은 교인이 되는 것을 기대하라. 웃으며 희망을 가지라.

그 사람도 자신에 대하여 실망하고 있는데 목회자까지 실망해서는 안 된다. 그런 사람도 사랑한다고 하고 회개시켜서 사람을 만드는 공장이 바로 교회이다.

우리교회에 전 재산을 기탁한 김 할머니가 계시다. 그 할머니는 참으로 많이 늙으셨다. 늙고 기운이 없으신 할머니를 아무도 돌보아 주는 분이 안 계신다. 할머니는 참 조심스럽다. 할머니를 잘못 다루다가 혼난 경험이 있다. 박 할머니신데 엉덩이를 받혀서 차에 태워드렸는데 그게 뼈가 워낙 부실해서 병원에 입원한 것이다. 박 할머니가 병원에 입원했는데, 그 아들은 교회가 박 할머니 한번 병문안 하지 않는다고 해서 화가 단단히 났다. 우리는 알지 못하였다. 그래서 보통 할머니는 조심해야 한다.

이 김 할머니도 그런 박 할머니 같지 아니 할까 생각하면 우리는 섬기지 못한다. 그럼에도 불구하고 우리는 잘 섬겼다. 그랬더니 할머니는 많지는 않지만 전 재산을 우리교회에 기탁하였다. 할머니는 크신 분이시다. 저질이 고질이다. 고질도 저질이 될 수도 있다. 맘에 안 든다고 내치면 안 된다. 하나님이 보내주신 분이 바로 이 사람이라는 마음으로 목회해야 한다. 전도구조로만 생각하지 말고 사랑으로 생각해야 한다.

초보 같은 성도에게 실망하지 말라

"오호라 나는 곤고한 사람이로다 이 사망의 몸에서 누가 나를 건져내랴 우리 주 예수 그리스도로 말미암아 하나님께 감사하리로다 그런즉 내 자신이 마음으로는 하나님의 법을 육신으로는 죄의 법을 섬기노라"(롬 7:24-25).

교회는 구원받은 도상의 사람이 모이는 곳이지 완벽한 사람이 모이는 곳이 아니다. 죄인이 모이는 곳이다. 세상 사람들은 기독교인들이 개판이라고 하지만 원래 교인은 개판인 것이다.

예수님의 제자들도 개판이었다. 그러나 조금씩 개판이 사람판이 되고, 드디어 성자가 된 것이다. 마지막 순간까지 개판인 제자도 있었다. 하지만 비난하지 말라. 알고 보면 우리도 어떤 측면에서 보면 개판이다.

실망하는 자는 아마추어이다. 실망한다는 것 자체가 성령 충만하지 못한 것이다. 실망자체가 기독교 교리위반이다. 하나님 입장에서 우리는 실망의 대상이지만 실망하시지 않고 우리에게 사랑을 호소하여 오시기 때문이다.

지나고 보면 정말 실망스러운 사람들이 많았다. 그러나 나는 실망하지 않은 것이 아니고 실망하지 못했다. 은혜 아래에 있었기 때문에 실망스러운 상황에서도 그냥 덤덤하였다. 이성적인 지각은 있었다. 실망스러운 사람들에게 '좀 이상하다'라는 생각이 드는 정도였다. 실망하지 말자. 예수님이 나에게 쉽게 실망했으면 오늘의 내가 있었을까?

실망스러운 성도를 바라보고 견딜 수 있는 힘이 부족하지 않았다. 나는 내가 실망스러운 존재임을 인정한다. 그러한 나를 스스로 노출시킨다. 내가 실망스런 존재라고 충분히 인정하는 것이 나의 실력이다.

초보에게 실망하지 않을 뿐만 아니라 누구에게도 실망하지 말라. 내가 지도하고 그렇게 소중한 지식을 전수하였지만 어떤 의미에서는 실망스러운 상황이 있었다. 그러나 그런 상황에서도 나는 실망하지 않으려고 하였다. 기독교는 그럼에도 불구하고 사랑하고, 그럼에도 불구하고 가능성을 끊임없이 재고하는 것이다. 아무런 일도 없었던 것처럼 넘어가는 것이다.

나는 세상이 교회를 비판한다고 같이 교회를 비판하는 목회자들을 싫어한다. 모두가 싫어해도 나는 좋아해야 하는 것이다. 죄인을 좋아해야 하는 것이다. 산뜻한 교인들을 만들고 싶어 하다가도 다른 사람을 정죄하는 자들이 많았다. 그들은 역사적으로 모두 정죄되었다. 자기만 의인으로 자처하는 무리야말로 하나님 앞에 설 수가 없는 것이다.

그렇다고 해서 우상을 숭배해도 괜찮다는 것은 아니다. 그런 스타일이 되어서는 안 된다는 것이다. 100명 교인들 가운데 사기꾼 기질이 있는 사람도 있을 수 있다. 병든 사람도 있을 수 있고 과부로서 위태위태한 자도 있을 수 있는 것이다. 똥고집쟁이도 있을 수 있다.

이런 사람, 저런 사람 다 합하여 100명이다. 세상사람 냄새가 나는 것이다. 카레 냄새도 나고 청국장 냄새도 나는 것이다. 그것을 신나하는 것이 목회다. 주님은 애당초 그것을 원하셨다.

성숙하지 못한 성도가 당신을 살찌운다

"예수께서 대답하여 이르시되 건강한 자에게는 의사가 쓸 데 없고 병든 에게라야 쓸 데 있나니 내가 의인을 부르러 온 것이 아니요 죄인을 불러 회개시키러 왔노라"(눅 5:31-32).

교회는 병든 자가 있어야 한다. 그래야 교회가 부흥된다. 초보 믿음이 있기에 나는 존재하고 있다. 초보자가 있기에 나는 목회한다. 성숙한 성도만이 있으면 나는 목사가 될 수 없는 것이다. 나 또한 조금 성장한 자에 불과하기 때문이다.

교회에서 세속적으로 수준 높은 사람들은 별로 도움이 안 된다. 초보자 같은 자가 나의 목회 대상이다. 병든 자가 교회의 복이다. 부도난 자가 교회의 복이다. 교회에서 과부는 기가 막히는 복이다. 과부들은 계속 기도할 수 있다. 밤에 철야기도를 해도 오라고 재촉하는 사람이 없으니 얼마나 교회의 복인가? 하나님이 그들의 기도를 들어주시고 도와주실 것이다.

돈이 있으면 베이비박스(Baby-box) 목회를 하고 싶다. 일 년에 버려지는 200명의 아이들을 내가 키울 수가 있다면 너무 행복할 것 같다. 목회는 아이들과 저질을 좋아해야 한다.

이런 마음을 확실하게 가진다면 실수가 좀 있어도 교회는 부흥한다. 부흥은 쉽다. 어렵지 않다. 80%정도만 흉내 내려고 해보라. 교회는 부쩍 성장할 것이다. 고질은 당신을 추방할 대상자일 수 있다. 저질은 그렇게 하지 못할 것이다.

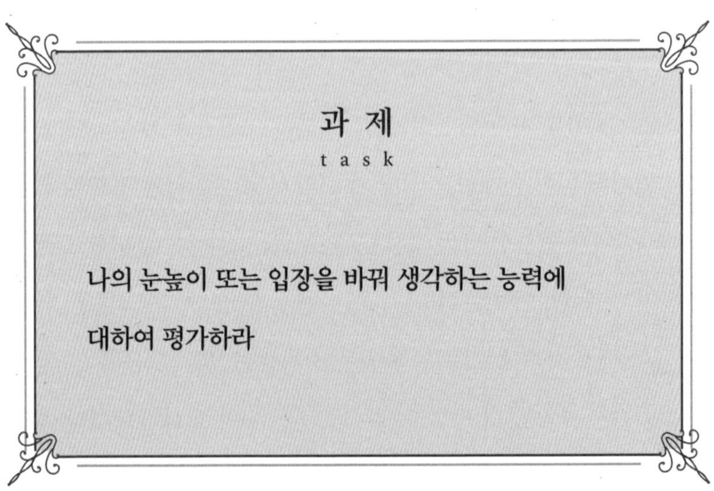

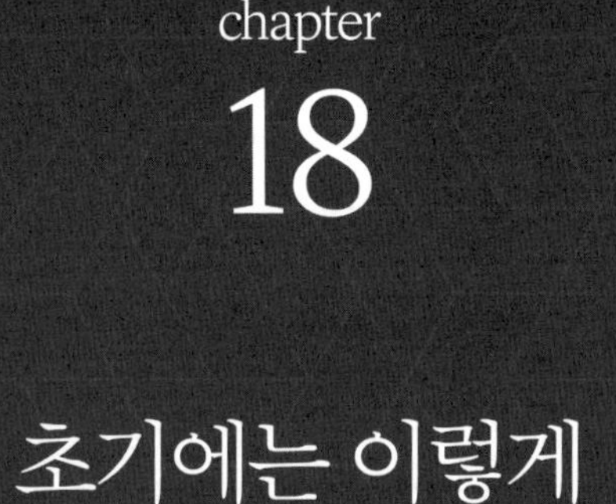

chapter
18
초기에는 이렇게
설교 하라

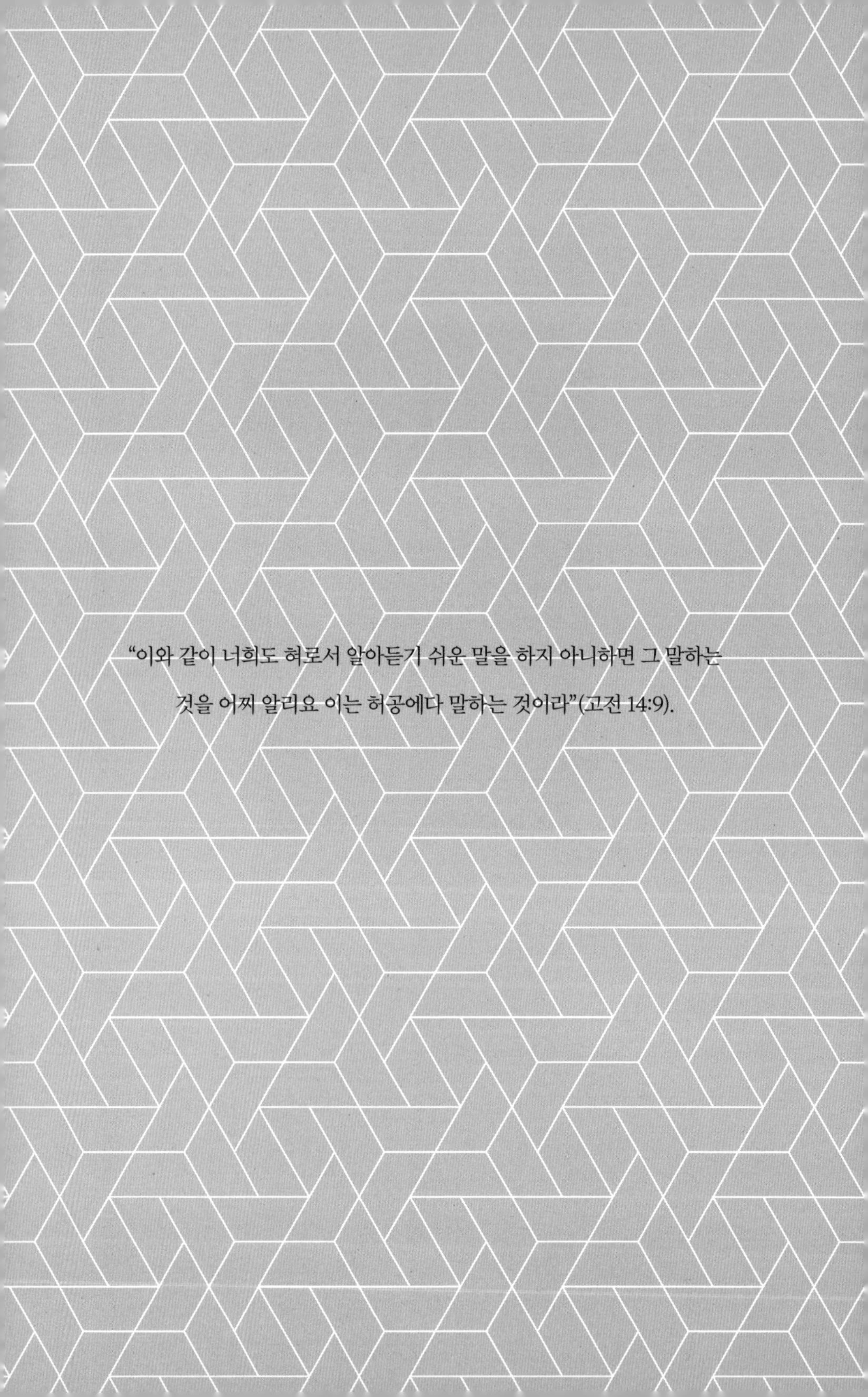

“이와 같이 너희도 혀로서 알아듣기 쉬운 말을 하지 아니하면 그 말하는

것을 어찌 알리요 이는 허공에다 말하는 것이라”(고전 14:9).

말은 참 중요하다. 말은 소통이다. 내가 하는 말이기는 하지만 나를 사용하셔서 하나님의 뜻이 소통이 되어야 한다. 하나님의 마음이 소통이 되어야 한다.

성경을 통해서 하나님의 의도를 파악하라. 그리고 자신의 마음에 그 마음을 담으라. 도대체 왜 믿으라는 것인가? 도대체 왜 그렇게 하지 말라는 것인가? 도대체 왜 그렇게 하면 안 되는가? 하나님의 의도는 무엇인가?

"내가 오늘 네 행복을 위하여 네게 명하는 여호와의 명령과 규례를 지킬 것이 아니냐"(신 10:13).

하나님의 의도는 너무 분명하다. 우리의 행복을 원하신다. 우리는 장기적인 행복, 영원한 행복이 필요하다. 그런데 인간들은 긴 행복을 원한다고 하면서도 대체로 짧은 행복만 원하고 있다.

이만하면 우리는 할 말이 많지 않은가? 우리는 알아야 한다. 성령님만 계시는 것이 아니고 사탄도 있다. 당연히 우리는 성도들이 사탄에게 잡혀가지 않도록 간곡하고 간절한 설교를 해야 하는 것이다.

설교하면서 너무 어렵게 하지 말라. 미사어구가 필요하지 않다. 더구나 적은 수의 성도에게는 외적인 좋은 말이나 웅변이 필요하지 않다. 성경을 충분히 연구한 다음 그것을 소화시켜서, 너무 많은 내용을 전달하려고 하지 말고 한두 가지 정도면 충분하다.

사랑으로 설교하라

"무엇보다도 열심으로 서로 사랑할찌니 사랑은 허다한 죄를 덮느니라"(벧전 4:8).

사랑의 마음으로 설교해야 한다. 사랑하는 것이 확실하면 설교를 잘 못해도, 목회에 다소 실수가 있더라도 용서가 된다. 목회 초년생이 실수가 있을 수밖에 없을 것 아닌가? 그것은 어쩔 수 없는 것이다.

폼 잡고 목사라고 하지만 다 목사 수련생에 불과한 것일지도 모른다. 그래도 하나님을 사랑하는 마음이 열정적이고, 그 사랑으로 하는 설교라면 통하는 것이다. 모든 잘못은 다 덮여지는 것이다.

그렇다고 해서 도덕적인 실수는 용납이 안 된다. 한국에서는 도덕은 지켜야 한다. 성도덕, 효의 도덕 그리고 물질의 윤리는 지켜야 한다. 그러나 작은 교회에서 모든 것이 법적이기는 쉽지 않다. 모든 것을 다 잘하기는 어렵다. 그러나 사랑은 허다한 허물을 덮는다.

나도 알고 보면 잘못한 것이 참 많다. 교회가 부흥하다 보니 주차할 자리가 모자라서 뒤로 주차를 해놓았는데, 어떤 집사님이 그 차를 빼서 뒤로 운전해 내려오다 한 할머니를 치어 소천하게 하였다.

얼마나 큰 문제인가? 그러나 나의 열정을 보고 그 분들은 넘어가

주었고 그리고 또 헌금까지 해주었다. 사고가 났지만 죽으라고 열심히 하다가 발생한 사고였다. 사랑 때문에, 열정 때문에 허물은 덮여졌다. 사랑으로 설교하라. 사랑은 전달이 된다. 사랑은 감출 수 없다.

"종이 진정으로 말하기를 내가 상전과 내 처자를 사랑하니 나가서 자유하지 않겠노라 하면"(출 21:5).

종이었다가 풀어 주어도 상전을 사랑하면 나가지 않을 수도 있다. 이것이 사랑의 힘이다. 이것이 진실의 힘이다. 사랑이 통하면 자유하다. 사랑이 통하면 구원이다. 사랑하면 그것이 완성이다.

사랑의 설교에 대하여 연구를 많이 하라. 십자가에 대하여 묵상도 많이 하고 생각도 많이 하라. 그것을 어디서든지 표현하라. 사랑은 아름다운 마취제 같이 죽음도 고통도 불사할 수 있는 속성이 있다. 주인이 종을 사랑하면 그리고 그 사랑을 받아 종이 주인을 사랑하면 종을 풀어주어도 종은 떠나지 않는다. "자유가 아니면 죽음을 달라"는 말이 있을 만큼 소중한 자유인데, 그 자유를 포기하고 종으로 남겠다는 것이 사랑이다.

사랑의 포로가 되는 것이 무엇인지 알지 못하면 우리는 진정한 그리스도인이 될 수도 없고 축복을 받을 수도 없다. 그 사랑을 알지 못하면 목회는 못하는 것이다. 그 사랑을 이해하는 자가 되자. 그 사랑에 빠지자. 그 사랑의 세계를 전하는 것이다. 그래야 우리는 행복할 수 있다.

"여호와께서 가라사대 네 아들 네 사랑하는 독자 이삭을 데리고 모리아 땅으로 가서 내가 네게 지시하는 한 산 거기서 그를 번제로 드리라"(창 22:2).

왜 우리는 헌신하는가? 왜 우리는 독자 이삭을 데리고 모리아 땅으로 가는가? 그분의 사랑 때문이다. 하나님을 안다는 것은 그 사랑을 아는 것이다. 하나님을 사랑하고 그분을 따르는 이유는 그분이 우리를 먼저 한량없이 사랑하였기 때문이다. 예수님은 우리를 위하여 십자가에 죽으실 만큼 우리를 사랑하셨다. 설교자는 항상 이 마음으로 가득해야 한다.

개척교회 목사님이 설교를 잘했다. 그러나 아무도 오지 않았다. 사람들은 설교를 잘하는데 떠났다. 그 떠난 교인에게 "왜 떠나셨습니까?"라고 물었다. 그는 "목사님의 손자가 강대상에 올라가면 아무 말이 없었으나 다른 아이들이 올라가면 아무나 올라가면 안 된다고 하십니다"라고 대답하였다. 목사에게 자녀가 문제가 된다. 성도들을 더 사랑할 것 같이 해 놓고 자녀 문제나 손자 문제에 걸리면 교회는 100명을 넘을 수 없다.

모리아 산에 가서 아들과 딸을 버려야 한다. 교인들은 자기들을 진정으로 사랑하는지 날마다 바라보고 있다. 그것을 설교로 보여 줄 것이 아니라 실제로 행동으로 보여주어야 하는 것이다.

나는 자녀들이 안중에 없었다. 나는 믿고 있었다. 하나님이 복을 주시면 복을 받으면 된다. 하나님이 주시는 복이 없으면 사람은 수고를 해도 아무것도 아니다. 아이들부터 하나님 앞에 제물로 받쳐야 하는 것이다.

우리 아이들이 공부를 못해도 하나님이 복을 주시면 된다고 믿었다. 그래서 그대로 시행하였다. 하나님이 자녀들을 축복해 주셨다. 나는 만족한다. 세상적으로 크게 잘된 것은 아니다. 의사나 교수가 된 것도 아니다. 그러나 잘살고 있다고 믿고 있다.

큰 딸은 대안학교 교장의 며느리가 되었고, 작은 딸은 선교사로 나갔고, 양딸은 교역자로 시무하고 있고, 양 아들은 다문화 센터와 박사과정에 다니고 있다. 하나님이 그들에게 복을 내릴 것을 믿고 있고 형통하고 있다.

확신하고 설교하라

"그러나 너는 배우고 확신한 일에 거하라 네가 뉘게서 배운 것을 알며"(딤후 3:14).

확신을 가지고 설교를 하는 것이 좋다. 내가 확신이 없으면 다른 사람도 확신에 거할 수 없다. 내가 확신이 되는 것만큼 교인들은 성장한다. 내가 확신하지 못하면 교인들은 힘들다.

확신하는 내용만 설교하는 것이 교인들에게도 좋다. 자신에게도 시원하다. 스트레스가 쌓이지 않는다. 전혀 확신하지 못하는 이야기가 많으면 교인들도 끊어질 것이고 목회자도 그렇게 살 이유가 없다. 그것은 불행일 수밖에 없다.

확신을 가지는 방법은 기도하는 것이다. 해당되는 본문을 40번 이상 읽으면 무슨 뜻인지 알 수 있다. 성경이 의미하는 바가 무엇인지를 알아야 한다. 확실하게 알도록 자꾸 소리를 내어 읽으라. 주석을 참조하는 것 보다 더 중요하다. 사실 40번까지 읽지는 못했다. 그래도 다 아는 것처럼 건방진 마음으로 설교했다.

요즘은 지식이 오픈 되어 있어서 허튼 소리를 하면 끝장이다. 무서운 세상이다. 이런 세상에서 확신할 만큼 연구하고 충분히 기도하고 전하지 않으면 교인들은 실망할 것이다. 원고를 준비하였지만 보지 않고 설교해야 한다. 이렇게 될 때까지는 어떤 의미에서는 실습생이다. 결사적인 실습생이 되면 주님이 기뻐하신다.

확신을 갖고 있는지 아닌지 어떻게 알 수 있을까? 성도들이 다 안다. 자기들은 문제가 무지 많으면서 목회자의 마음을 너무 잘 알고 있다. 그것이 문제이다. 좀 속아 넘어가면 좋으련만... 확신하고 있지 못하면 눈물로 기도하면서 확신 단계로 만들어야 한다. 확신을 해야 성령이 역사하시기 때문이다.

천재도 모방했다

"너는 그리스도 예수 안에 있는 믿음과 사랑으로써 내게 들은 바바른 말을 본받아 지키고”(딤후 1:13).

베토벤이 창의성이 있다고 해서 그냥 천재가 된 것이 아니다. 수많은 모방을 하는 단계를 거쳐야만 했다. 천재의 첫째 단계는 모방이다.

자기가 인격적으로 닮고 싶은 사람의 설교를 그대로 해보라. 설교 전체를 모방해도 죄가 아니다. 무슨 학술 강연처럼 독창적으로 설교를 해야 잘하는 것이라는 말들을 듣지 말라. 이 책은 개척교회 목사와 설교의 입문에 들어가는 자들을 위한 것이다. 당당하게 모방하자. 그러나 소화를 시켜서 설교하자.

좋은 설교의 모방을 위해 첫째, 마음에 드는 설교의 내용을 파악하라. 그 내용과 의미가 너무 나를 행복하게 만들고 미칠 것 같은, 그런 설교 내용이어야 한다.

둘째, 전체적인 설교의 구조를 파악하라. 예화로부터 먼저 시작하였는지 본문부터 시작하였는지를 보라. 대지 설교인지 강해 설교인지 분석해 보라.

셋째, 전체적인 설교를 요약해 보라. 그리고 자신의 것으로 바꾸라. 예화도 더 실감나는 것으로 바꾸고 기도하면서 주시는 감동도 넣고 눈물도, 아픔도, 자기 경험도 들어가면서 설교는 새로워진다.

자주 존경하는 설교자의 설교를 그 마음까지 본받으려고 하면서 따라해 보라. 어투도 배우고, 마음도 배우고, 생각하는 방식도 배우고, 성경의 해석 경향도 배우라. 그의 인생철학과 인생경영을 배우고 그의 자기관리를 배우라. 그래서 한 인생을 공부하는 것이다. 그의 지식을 내

지식으로, 그의 철학을 내 철학으로 만드는 것이다.

결과는 같지 않다. 다르다. 오히려 더 좋은 작품이 나올 수도 있다. 모방을 비난하지 마라. 모방하라. 의미 없이 모방하지 말고 연구하고 공부하면서 배우라. 감동하면서, 눈물을 흘리면서 모방하자. 그리고 하나님의 음성을 들으면서 모방하자.

성경을 중심으로 설교하라

"지금 내가 너희를 주와 및 그 은혜의 말씀께 부탁하노니 그 말씀이 너희를 능히 든든히 세우사 거룩케 하심을 입은 모든 자 가운데 기업이 있게 하시리라"(행 20:32).

책을 보면 귀신이 드는 책이 있고 성령이 역사하는 책이 있다. 지식을 채워주고 사람을 세워주는 책이 있는 반면에 사람을 망가지게 하는 책이 있다. 마르크스의 '자본론' 같은 것은 사람을 미혹하게 하는 책이다. 기독교인, 성령의 사람이 지은 책이 중요하다. 그러나 가장 좋은 책은 성경이다. 우리의 영을 든든하게 해주는 책이 성경이다.

성경책이 이토록 중요한데 사람들은 성경을 읽지 않는다. 사람들은 아무 책이나 읽는다. 월간지나 주간지 등 허접한 것을 많이 읽는다. 성경을 읽어야 산다는 것은 성경의 사상으로 무장되어야 한다는 말도 된다. 무엇보다 성경은 사람에게 영감을 주는 것이다. 영적인 힘이 되는 책이다. 그래서 HOLY BIBLE이다.

성경은 다른 책과 다르다. 내용 자체가 그냥 채택된 것이 아니다. 많은 사람들이 살아가는 일에 성패를 좌우할 수 있는 핵심적인 가치가 저장되어 있다. 아무 사건이나 성경에 채택된 것이 아니다. 말이 안 되는 것 같은 사건을 통해서 우리 인생의 성패를 좌우하는 의미, 생과 사를 가르는 의미가 내재 되어 있는 것이다.

성령의 감동으로 쓰여 지고 영감이 서려있다. 성경이 세속적인 가치관으로 이해되지 않는 것은 당연한 것이다. 세상 냄새가 풀풀 나는 마음으로 이해할 수 없는 것이 너무 당연하다. 처절할 수밖에 없는 의미를 반드시 발견해 내라. 그것을 발견해서 전하는 것이다.

성경을 기도하면서 읽으라. 생과 사를 가르는 의미를 발굴하라. 성공과 실패를 좌우하는 의미를 찾아내라. 천국과 지옥을 가르는 의미를 파악하라. 그리고 그것을 전하는 것이다. 많이 읽어야 한다. 소리 내어 읽어야 한다.

설교를 연습하라

"망령되고 허탄한 신화를 버리고 오직 경건에 이르기를 연습하라"(딤전 4:7).

장경동 목사는 수많은 연습을 통해서 오늘의 장경동이 되었다. 설교를 아내와 아이들 앞에서 해보았단다. 아버지를 그대로 따라서 설교한 곽선희 목사의 아들, 곽요셉 목사는 설교를 잘한다. 모방과 연습이다. 곽선희 목사는 자신을 모방하고 연습하라고 하신다. 곽선희 목사도 음성의 오르막 내리막을 초기에는 연습하였다고 한다.

천재보다 더한 사람이 연습벌레이다. 기죽을 필요가 하나도 없다. 연습하면 되는 것이다. 그런데 사람들은 그것을 못한다. 사람 앞에서 평가 받기를 싫어한다. "내 설교를 평가해주세요"라고 했더라면 벌써 당신은 유명한 설교가가 되었을 텐데 말이다.

인생은 이렇게 쉬운 것인데. 사람들은 왜 어렵다고 말할까? 설교 못해서 쫓겨나가는 목사, 설교 못해서 부흥이 안 되고 자식 공부도 제대로 못시키는 목사, 목사와 사모의 집안 것을 다 들어먹고 기가 죽은 목사는 원래 그것 밖에 안 되는 것이 아니라 연습하지 않아서이다.

모방하고 연습하라. 박주영도, 박지성도 연습벌레다. 천재는 노력하는 목사를 이길 수 없다. 성실한 사람을 이길 수 없다. 성실하게 준비하는 것이 재미있어야 한다. 연습하는 것이 재미있어야 한다.

곽선희 목사를 나는 좋아하였다. 곽선희 목사의 설교를 그대로 한번 연습하여 보았다. 설교 방송을 틀어놓고 그대로 흉내 내어 보았다. 입이 아팠다. 곽선희 목사의 설교가 호소력이 있는 것은 그냥 되는 것이 아니었다. 그의 설교 음성학은 말을 그 음정의 수준에서 사람의 마음에 들어가게 하는 힘이 있는 것이다. 그대로 연습한다는 것은 쉬운 일이 물론 아니다.

그러나 대가의 설교를 한번 연습하여 흉내 내어 본다. 그리고 나중에 변형을 시도하는 것이다. 당신도 하면 된다. 어렵지 않다. 곽선희 목사를 모두 흉내 내라는 것은 아니다. 그러나 분명히 대가의 흉내를 내어보는 것이 모든 설교자들이 가야하는 방법이다. 처음부터 독창적인 우수한 설교자가 나오는 것은 아니기 때문이다. 모두 대가가 될 수 없다. 목표는 간절한 설교자, 메시지가 있는 설교자가 되는 것이다.

너무 주눅 들지 말라

"형제들아 너희를 부르심을 보라 육체를 따라 지혜 있는 자가 많지 아니하며 능한 자가 많지 아니하며 문벌 좋은 자가 많지 아니하도다"(고전 1:26).

알고 보면 사람은 별것 아니다. 나는 민경배 선생님을 존경한다. 너무 존경해서 가까이 가지 않는다. 그의 학문이 광대하고 신앙이 경건하여 나의 마음을 울린다. 사모님이 재미가 없다고 하셨다. 사모님은 TV 보시고 목사님은 지금도 무릎을 꿇고 기도하고 성경만 거의 읽으신다. 그래서 재미가 없다고 하신다. 그는 지금도 오라는 데가 많다.

그의 비결은 성실이다. 주무시면서도 메모지를 놓고 주무신다. 전철을 타도, 택시를 타도 어디든지 그 어른은 메모지를 갖고 계신다. 그의 인격 앞에 서면 나는 부끄럽기 한이 없다. 그래서 아무 말 없이 존경하고 있다.

곽선희 목사님은 하루는 "나는 민경배 박사와 같이 마을에서 지게 지던 사람이었습니다"라고 하셨다. 곽선희 목사님을 천재로만 보지 말라. 민경배 교수를 천재로만 보지 말라. 곽요셉 목사는 "아버지의 설교는 그냥 이루어진 것이 아니다"라고 했다.

겉으로는 세련된 설교 같지만 거기는 생명을 거는 치열함이 있다. 당신도 노력하면 된다. 할 수 있다. 주눅 들지 말고 그 어른들의 성실을 배우고 흉내 내고 연습하는 것이다. 흉내를 내더라도 생명을 걸고 하라.

주눅 들고 기가 죽으면 끝장이다. 머리가 필요한 것이 아니라 자신감을 가지고 한번 해보는 것이 필요하다. 자신감 지수가 머리보다 낫다. 자신감을 갖고 실천력 지수를 발휘하는 것이 얼굴보다 낫다.

여호수아에게 하나님은 말씀하셨다. "내가 네게 명령한 것이 아니냐. 두려워하지 말라. 담대히 하라"고 여러 번 말씀하셨다.

가슴으로 설교하라

"내가 다시는 여호와를 선포하지 아니하며 그 이름으로 말하지 아니하리라 하면 나의 중심이 불붙는 것 같아서 골수에 사무치니 답답하여 견딜 수 없나이다"(렘 20:9).

처음에는 머리로 설교를 잡고 그 다음은 가슴으로 설교를 잡는 방법이 있다. 다른 방법은 가슴으로 설교를 잡고 그 다음 이성으로 구체화하는 것이다.

첫 번째 방법으로 설교를 준비하는 것도 쉽지 않다. 내용이 모두 영적인 내용이기 때문에 설교를 잡기가 쉽지 않다. 오래 걸린다. 그것을 기도하여 가슴에 있는 설교를 하는데 또 시간이 걸리고 그렇게 하는 과정에서 다시 설교 내용은 바뀐다. 그래서 웬만하면 설교를 기도로 우선 준비하는 것이다. 기도로 설교를 준비하라. 그렇다고 가슴으로 설교하는 것에 주눅 들지 말라.

가슴으로 설교하는 방법은 간단하다. 예수님이 나를 위하여 십자가에 죽으셨으니 내가 주를 위하여 반드시 죽는다고 결단하라. 주님이 우리를 위하여 죽으셨는데 우리는 죽을 생각을 안 하니 얼마나 기가 막힌가? 그렇게 마음 먹고 기도하면 가슴이 뜨거워서 재미가 있을 것이다. 주를 위하여 죽음을 결심하는 것만큼 재미있는 것이 없다. 기도할 때 생명을 드리는 기도를 하라. 그러면 쉽게 뜨거워 질것이다. 그리고 설교의 내용을 다 주님께 아뢰라. 주님이 뜨거움을 주실 때까지 말이다. 주님의 은혜가 임할 때 좀 더 시간을 지체하라. 이것이 비법이다.

그렇다고 논리적인 설교를 하지 말라는 것은 아니다. 논리가 있어야 한다. 감성만 추구하면 안 된다. 논리적이고, 감성적이고, 영적이며, 성경적인 설교를 해야 한다.

이것이 어떻게 가능한가? 성경은 원래 영적이다. 성경은 원래 죽고 사는 심각한 문제를 말하고 있다. 그래서 거기에 감성이 적용될 수 있는 것이다. 그것은 구원받는 사람들의 이성에도 호소할 수도 있는 것이다. 자신감 있게 본문을 보고 연구해야 설교도 실력이 느는 것이다.

눈물로 설교하라

"사람들이 종일 나더러 하는 말이 네 하나님이 어디 있느뇨 하니 내 눈물이 주야로 내 음식이 되었도다"(시 42:3).

주님이 우리를 사랑하신다. 주님은 영이시니 우리 곁에 계신다. 우리를 기뻐하신다. 그런데 우리는 어떤가? 우리의 마음은 어떤가? 우리의 세상은 어떤가? 한심하기 짝이 없다.

주님의 마음을 슬프게 한다. 주님의 마음을 한없이 눈물 흐르게 한다. 복음의 내용은 생과 사를 가르는 말씀이지만 사람들은 죽음으로 가기를 좋아한다. 말씀 실천으로 가지 않고 불순종으로 가는 것이 인생이다.

기도하면 눈물이 흘러나와야 한다. 잊지 말라. 눈물이 없는 것은 잘못된 것이다. 워드워즈는 이렇게 노래하였다. "무지개를 보면 내 가슴은 뛰누나. 무지개를 보았을 때 뛰지 않는 가슴은 갖고 싶지 않다."

내 평생에 눈물을 가지고 살기를 바란다. 내 평생에 내 눈동자는 젖어있기를 바란다. 칼빈을 바라보는 사람은 칼빈의 광대뼈만 보면 안 된다. 그의 눈이 젖어 있는 것을 보아야 한다.

어떻게 눈물 없이 설교하는가? 눈물이 있기를 축복한다. 눈물로 설교하라고 해서 꼭 소리 내어 울라는 것은 아니다. 그러나 소리를 내지 않더라도 눈에 눈물이 있어야 하는 것이다.

이용도 목사는 한국초대교회의 부흥사였다. 그는 아무 말하지 않고 때로 울기만 하였다. 이런 설교에 사람들은 달라진다. 말씀 실천이냐 아니냐가 죽고 사는 것을 결정한다. 흥망성쇠가 결정되는 것이다.

그런데 어찌 눈물이 나지 않겠는가? 하지만 사람이 울려고 해도 잘 울어지지 않는다. 기도해야 울 수 있다. 성령이 역사하시면 울음이 나온다. 성령이 역사하시면 설교의 영이 와서 우리로 설교 할 수 있게 하여 주시는 것이다. 그래야 설교가 재미있는 것이다. 그것이 잘 안 될 수도 있다. 그래도 그렇게 한번 목표를 삼고 해보자. 울어야 백 명이 된다는 것은 아니지만 그랬으면 좋겠다.

기독교의 보편적인 주제에 대하여 깊이 생각하라

교역자는 사랑에 대하여, 십자가에 대하여, 인내에 대하여, 감사에 대하여, 십자가에 대하여 눈을 감고도 한 시간은 외칠 수 있어야 한다.

생각하고 또 생각하라. 얼마나 사랑이 중요하기에 예수님은 십자가에 죽으셨을까? 사랑이 무엇이기에 죽을 수 있었을까? 사랑의 문제점은 무엇인가? 만약 사랑이 없다면...

사랑이라는 주제를 두고 다른 주제와 아울러 생각하여 보라. 사랑과 인내, 사랑과 돈, 사랑과 결혼, 사랑과 믿음, 사랑과 삼위일체 등 이러한 평범한 주제에 대하여 깊고 넓은 지식을 가져야 한다. 이러한 지식의 갖춤이 사람들에게 신뢰를 갖게 한다.

chapter
19
예방 목회하라

"미련한 자들이 슬기 있는 자들에게 이르되 우리 등불이 꺼져가니 너희 기름을 좀 나눠 달라 하거늘 슬기 있는 자들이 대답하여 이르되 우리와 너희가 쓰기에 다 부족할까 하노니 차라리 파는 자들에게 가서 너희 쓸 것을 사라 하니 그들이 사러 간 사이에 신랑이 오므로 준비하였던 자들은 함께 혼인 잔치에 들어가고 문은 닫힌지라 그 후에 남은 처녀들이 와서 이르되 주여 주여 우리에게 열어 주소서 대답하여 이르되 진실로 너희에게 이르노니 내가 너희를 알지 못하노라 하였느니라"(마 25:8-12).

마음이 돌아서면 다시 돌리기가 쉽지 않다 예방 목회하라

한국초대교회 때 황사영의 백서 사건[8]이라는 것이 있었다. 황사영은 정약종의 사위로 주문모 신부를 남달리 사모하는 자였다. 1801년 신유박해 때 베론 성지에서 그를 찾아간 황심과 함께 비밀 모의하여 북경 주교에게 조선의 참혹한 상황을 보고하고 중요한 정책을 건의하는 백서를 62cm×38cm 크기의 비단에 써서 보낸 것이 발각되어 국가는 천주교와 완전히 틀어졌다. 이 사건으로 인하여 조선정부는 천주교와 당분간 적대적 관계가 되었다.

한번 틀어진 사람들의 마음은 좀 처음 돌아오지 않는다. 정하상이 상제상서[9]로 교회는 국가를 사랑하고 생각하는 종교라는 것을 충분히 납득시키려 했지만 이미 틀어진 마음을 되돌릴 수는 없었다.

미리 예방해야 한다. 성도들의 단계를 생각하고 전진시킴으로서 문제를 미리 해결해야 한다.

기도로 예방하라

'우리 목사님은 나를 위해 늘 기도를 열심히 하시는 분이시다'라고 성도들이 생각하면 교회를 떠나지 않는다. 성도들의 마음이 이미 떠나

---

[8] 울트라몬타니즘 [ultramontanism]의 산물로 교회의 권위가 국가를 넘어서 조선에 집행 될 수 있다고 믿는 신념하의 작품임.

[9] 울트라몬타니즘으로 문제가 꼬여 해명하고자 하는 문서로 그 문장의 수려함과 우수성으로 홍콩 신학교의 교제로 사용됨.

고 난 다음에 돌이키려면 에너지가 많이 든다.

평소에 목회자가 그들을 위하여 열심히 기도하는 것이다. 기도하여 악한 마귀가 역사하지 못하게 하는 것이다. 목회자가 열심히 기도하면 그것이 예방 목회가 된다. '우리 목사님은 항상 기도하시는 분이시야. 목사님은 틀림없이 나를 위하여 기도하고 계실 거야'라고 성도들이 생각하게 해야 한다.

사람은 속일 수가 없다. 개척교회 성도들은 숫자가 작으니까 충분히 기도 할 수 있다. 그 영혼을 사랑하며 매일 아침에 눈물로 기도하면 이미 목회가 100명을 약속하고 있는 것이다. 그들을 사랑하고 그들의 아픔을 내 마음에 짊어지고 있을 때 하나님의 아들 예수의 영이 역사하신다. 그리고 그것이 나에게 기쁨이 되는 것이다. 100명은 억지 속에서 이루어지는 것이 아니다. 억지로 하는 것 같지만 거기에 재미가 있는 것이다. 우는 것이 재미가 있다면, 이것이 바로 역설이다. 적은 교인이라도 그들과 관련된 사람들과 전도대상자 등을 모두 기도하면 10명밖에 안 되는 교인이라도 기도할 사람들은 100~200명이 될 수 있다.

목회자가 기도하는 것만으로는 충분하지 못하다. 성도들도 기도하게 해야 한다. 그들이 눈물을 흘리도록 만들어야 한다. 그들이 영적으로 먹고 마시는 즐거움을 누리며 스스로 마귀를 이길 수 있도록 하는 것이 가장 큰 축복이다. 그들이 이 복을 받아야 한다.

성도들로 기도하게 해야 한다. 기도하여 하나님과 연결되게 해야 한다. 선악과를 따먹은 인생이다. 십자가가 그들 안에 기도로 살아있게 하지 않으면 그들은 악을 먹은 결과가 나타날 것이다.

성도들은 십자가의 보혈로 날마다 해독제를 먹어야 사는 존재이다. 기도로 예방하라. 성도들이 기도하게 하여 예방하라. 독이 퍼지지 않도록 날마다 십자가로 무장하게 하라.

성도들을 늘 돌봄으로서 예방하라

"네 양 떼의 형편을 부지런히 살피며 네 소 떼에 마음을 두라"(잠 27:23).

성도들의 삶을 돌보라. 성도들의 삶은 힘들다. 기도하고, 아이들을 돌보고, 영적으로 똑바로 서있지 못하는 남편을 섬기며 교회 일을 하기에 힘겹다. 자칫하면 우울증에 빠지고 이단에 넘어가기가 쉽다.

이단은 계속 왕성할 것이다. 마귀가 왕성하니 이단이 왕성하지 않겠는가? 그 이단에 성도들을 넘기는 것은 그들을 지옥으로 넘기는 것이다. 그들의 영적인 수준을 평가하라. 그들이 삶의 현장에서 어떻게 대처할까를 상상하라.

그들을 일대 일로 돌보라. 칭찬과 격려로서 돌보라. 너무 많이 지도하지 말라. 너무 많은 지시사항을 내리지 말고 칭찬을 많이 하라. 위로하라. 그들의 장점을 발굴하라. 희망을 선포하라. 꼭 기도하도록 권면하라. 꼭 순종하도록 사랑으로서 권면하라.

그들이 성경을 기뻐하지 않는다. 성도들은 지시사항을 기뻐하지 않는다. 성도들은 위로와 격려와 칭찬을 기뻐한다. 그렇게만 하면 안 된다는 사람들도 있다. 그러나 준비되지 않는 자에게 강제로 시키는 것은 독을 먹이는 것과 동일하다는 사실을 잊지 말라.

영적으로, 정신적으로도 돌보라. 눈물로, 사랑으로서 돌보라. 때로 물질로서, 건강으로 돌보라. 거기에 성령이 역사하시고 우리를 능력 있는 자로, 기쁨의 사람으로 만들어 주실 것이다. 물론 억지로 하지 말라. 해롭다. 돌봄이 바로 나의 삶이고 분복이라는 사실을 충분히 이해하라.

하나님의 사람의 권위로서 예방하라

"이 후로는 누구든지 나를 괴롭게 말라 내가 내 몸에 예수의 흔적을 가졌노라"(갈 6:17).

우리의 권위는 어디에 있는가? 우리의 권위는 주님을 높이는데 있다. "그를 높이라 그리하면 그가 너를 높이 들리라 만일 그를 품으면 그가 너를 영화롭게 하리라"(잠 4:8).

하나님을 높이는 것이다. 하나님을 높이지 않으면 내가 낮아진다. 이것이 바로 하늘의 법도이다. 하나님을 구체적으로 높여야 한다. 찬양을, 기도를, 봉사를 하고 예배를 드림으로 높인다.

그런데 우리는 왜 권위가 없을까? 권위는 처절한 곳에서 나온다. 박지성의 권위는 처절한 연습에 있다. 목회는 처절하게 하는 것이다. 기도도 처절하게 하는 것이다.

양 잡는 것을 보라. 얼마나 처절한가! 짐승을 죽이는 것이 쉽지 않다. 제사장이 짐승을 죽이면서 처절하지 않으면 그 마음은 죽은 것이다. 짐승이 죽어가는 것을 보면서 제물 바친 성도가 울지 않으면 어찌 죄 사함이 이루어지겠는가? 피가 튕기는 것이다. 소리가 나고 넘어지고 숨이 끊어지는 것이다. 그리고도 아직 심장이 펄떡펄떡 뛰는 것이다.

예배는 처절한 것이다. 기도는 처절한 것이다. 찬송도 처절한 것이다. 처절함에서 권위가 나오고 목회가 잡히는 것이다. 처절함에서 성도들의 마음이 '아! 이 목회자가 진짜다'라는 생각이 드는 것이다.

처절하지 않아도 교회가 부흥하는 것은 좋은 것 아니다. 내 인생 전부를 드리는 마음이 없이 교회가 부흥하는 것은 온당치 못하다. 재미가 없다. 처절한 재미를 느끼라.

교회부흥은 쉽다. 최소한 그렇게 시도하라. 그렇기만 해도 100명이 된다. "김형제 목사는 도가 턴 것 같다"라고 하지 말라. 아니다. 부끄럽다. 그렇게 하려고 했을 뿐이다. 능력이 있다. 할 수 있다. 반드시 된다.

사랑으로서 예방하라

"내가 예수 그리스도의 심장으로 너희 무리를 어떻게 사모하는지 하나님이 내 증인이시니라"(빌 1:8).

하나님은 사랑으로서 울고 계신다. 위대하신 하나님은 사랑의 하나님이시다. 공의의 하나님이시기도 하지만 사랑의 하나님이시다. 그분의 사랑과 긍휼이 없었으면 우리는 어떻게 살아남을 수 있었을까?

나는 사도 바울이 그리스도의 사랑을 받아 심장으로 성도들을 사랑하였다는 말이 좋다. 그리스도는 사랑의 주이시다. 그분이 우리 안에 주인으로 계셔서 사랑이 왕 노릇하는 것이다. 그래서 나도 그리스도처럼 행복해지는 것이다. 사랑에는 행복과 기쁨이 있다.

나는 참 어리석은 일을 정말로 많이 했다. 나는 성도들을 사랑했다. 성도들과 같이 심방하였다. 세상적으로 못된 초신자 성도가 그렇게도 사랑스러웠다. 누구나 다 그 성도가 못된 사람인지 안다. 나는 다른 사람이 보는 앞에서 그녀를 안아주었다. 나보다 더 젊은 여자인데 말이다. 그와 뽀뽀라도 하고 싶었다. 그런 마음을 표현하였다. 절대로 세상적인 사랑이 아니었다. 하지만 그것은 잘못이었다. 아무도 나를 나무라지도 않았고 책망하지도 않았다. 정말 그 여자가 세상적인 아름다움이 있었다면 큰일 날이었지만 그녀는 돈도 없고, 얼굴도 예쁘지 않았고, 배운 것도 없어서 아무도 말하지 않았다. 그러나 그렇게 해서는 안 된다. 하지만 그런 마음만은 있어야 하지 않겠는가!

삶에 대한 말씀으로서 예방하라

"인자야 내가 너를 이스라엘 족속의 파수꾼으로 세웠으니 너는 내

입의 말을 듣고 나를 대신하여 그들을 깨우치라 가령 내가 악인에게 말하기를 너는 꼭 죽으리라 할 때에 네가 깨우치지 아니하거나 말로 악인에게 일러서 그의 악한 길을 떠나 생명을 구원하게 하지 아니하면 그악인은 그의 죄악 중에서 죽으려니와 내가 그의 피 값을 네 손에서 찾을 것이고 네가 악인을 깨우치되 그가 그의 악한 마음과 악한 행위에서 돌이키지 아니하면 그는 그의 죄악 중에서 죽으려니와 너는 네 생명을 보존하리라 또 의인이 그의 공의에서 돌이켜 악을 행할 때에는 이미 행한 그의 공의는 기억할 바 아니라 내가 그 앞에 거치는 것을 두면 그가 죽을지니 이는 네가 그를 깨우치지 않음이니라 그는 그의 죄 중에서 죽으려니와 그의 피 값은 내가 네 손에서 찾으리라 그러나 네가 그 의인을 깨우쳐 범죄하지 아니하게 함으로 그가 범죄하지 아니하면 정녕 살리니 이는 깨우침을 받음이며 너도 네 영혼을 보존하리라"(겔 3:17-21).

그렇게 살면 안 되는데 성도들은 세상을 바라보고, 세상에 재미를 느끼면서 살아가고 있다. 그러한 성도들에게 전해주어야 한다. 앞날에 어떤 일이 일어날 것이라고 전해주어야 한다.

그렇게 말한다고 해서 성도들이 고쳐질 것이라고는 믿지 말라. 눈물을 흘리면서 이야기해도 고쳐지기에는 세상을 사랑하고 연애하는 그 두께가 너무 두껍다.

그러나 가혹하더라도 말해주어야 한다. 그 가혹한 말을 안 해주면 나중에 원망한다. 그 원망을 듣는 것이 마땅하다. 나는 그러한 목사를 보았다. 정말 성도들을 바로 잡아줄려는 마음이 없고 그냥 대충 때우는 것이다. 그 목회자의 인생의 결과는 비참하다는 사실을 잊지 말라. 말해주어야 한다. 말해주어도 말해주지 않았다고 우리를 고발할 것이다.

뮤지컬의 이야기이다. 예수님이 부활하시기 전에 가룟 유다는 목을 매어 죽었다. 그는 너무 억울해서 바로 지옥으로 가지 못하겠다고 버텨서 그 혼령이 예수님을 따라 다녔다.

가룟 유다가 한 말이다. "Why didn't you tell me?"(왜 나에게 말해주지 않으셨습니까?). 말해주었다. 그러나 알아듣지 못한 것이다. 세상에 대한 관심이 심각하게 두터웠기 때문이다. 그리할지라도 말해주어야 한다.

"세상을 사랑하는 자는 나에게 합당하지 않다"라고 하셨다. 그러나 왜 그런지에 대하여 설명해 주어야 한다. 알아듣게 기도하고 설명해야 한다.

"또 누구든지 제자의 이름으로 이 작은 자 중 하나에게 냉수 한 그릇이라도 주는 자는 내가 진실로 너희에게 이르노니 그 사람이 결단코 상을 잃지 아니하리라 하시니라"(마 10:42).

사랑하는 성도들의 앞날에 어떤 일이 기다리고 있을까? 그것이 무지 어려운 일에 속하는가? 하나님의 음성으로 들어야 아는 사항인가? 기도하면서 성경의 법칙을 따라 다음과 같이 설명할 수 있지 않는가?

"무모하게 베푼다고 복을 받는 것은 아니다. 그러나 분명한 것은 베푼 대로 복을 받는다. 인색한 자가 복을 받을 수 없다. 봉사하기를 꺼려하는 자는 건강을 잃을 가능성이 있다. 아주 농후하다. 우상 숭배하는 것은 안 좋은 일을 불러일으킨다. 부모에게 박절하게 하는 것은 좋지 않는 일을 불러온다. 교만하여 성도들을 무시하면 좋지 못한 일을 불러일으킨다. 가난하여도 죽으라고 기도하고 섬기면 반드시 복을 받는다. 십자가를 자기의 십자가로 만들었다면 형통한 사람이 될 것이다."

이 세상에 우연은 없다. 필연을 믿어야 한다. 이것이 율법이다. 필연적인 문제를 가르쳐 주어야 한다. 가혹하더라도 가르쳐 주어야 주의 종이다. 성도의 발전단계를 생각하라. 성도들의 믿음의 수준이 어느 정도 되는지를 항상 파악하고 있어야 한다.

우연은 없다는 것을 가르쳐야 한다. 필연을 가르쳐야 한다. 콩 심은데 콩이 나고 팥 심은데 팥이 난다. 심지 않는데서 거둘 수 없다. 그것을 전하는 것이다. 그러나 조심하라. 충고를 받아들이지 않으면 교회를 떠난다.

말씀을 지키면 복을 받는다고 전하라. 그러나 그 말씀을 수용할 충분한 준비가 되었는지를 살펴보아야 한다. 어떻게 하면 좋겠는가? 기도를 많이 해야 한다.

어떤 목사가 여 집사를 사랑하였다. 그 목사는 강제로 사임을 당하였다. 그 과정에서 많은 성도들이 당연히 목사의 반대편에 섰다. 목사는 미국으로 쫓겨 갔다. 그 목사는 나빴다. 그래서는 안 된다.

그러나 그 목사를 반대하고 강대상에서 끌어낸 사람들은 하나같이 망해버렸다. 많은 사람들이 교회를 떠났다. 하지만 그 와중에서도 주의 몸된 교회를 지키려고 하였던 사람들은 다 복을 받았다. 이런 이야기는 인기가 없지만 가르쳐 주어야 망하지 않는다.

chapter
20
목회의 기술은
진정성과 성실성

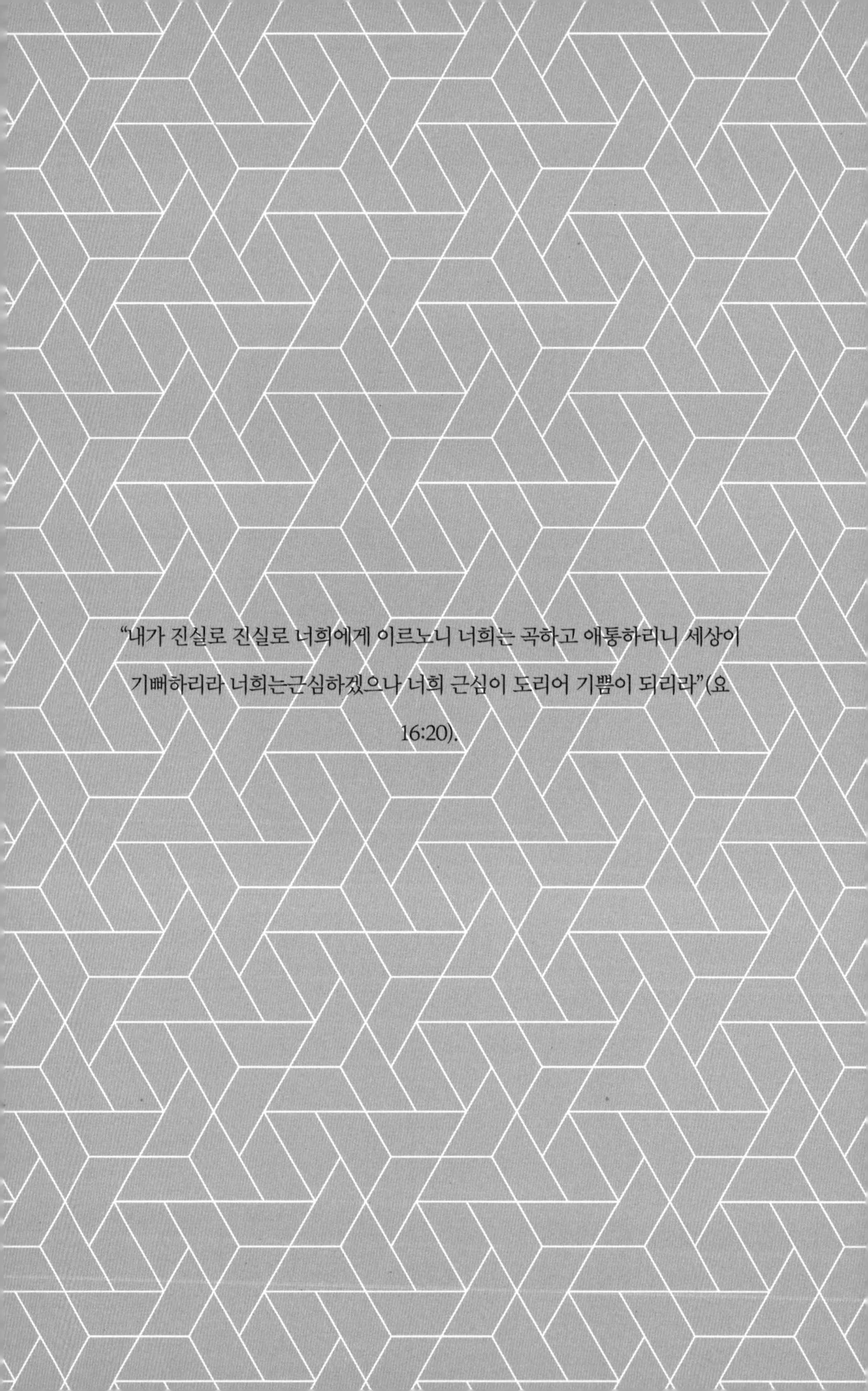

"내가 진실로 진실로 너희에게 이르노니 너희는 곡하고 애통하리니 세상이 기뻐하리라 너희는 근심하겠으나 너희 근심이 도리어 기쁨이 되리라"(요 16:20).

성도들에게 진정성을 갖고 대하라

사람은 영적 존재이다. 자기는 온전한 수준이 되지 못하지만 영성과 마음을 구별할 수 있다. 선악과를 먹은 인생이기에 악을 알며 행하고 싶고, 선도 알고 행하고 싶어 한다. 그렇기 때문에 사람들은 사람을 볼 줄을 안다. 특별히 교회 나오는 성도는 목사를 알아본다. 목사가 어떤 사람인지를 안다. 요즘은 지식이 많다. 인터넷만 보면 웬만한 것은 다 나온다. 그런데 무엇이 필요한가? 사람들은 진정성을 필요로 한다. 이 세상은 표면과 이면이 다르다. 내용과 외면이 다른 것이다. 절대로 변할 수 없는 몇 가지 원칙이 있다.

첫째, 사람들은 외면으로 흔들린다. 그것은 사람이 외면적인 존재이기 때문이다. 둘째, 사람은 외면적인 존재인 동시에 내면적 존재이다. 셋째, 사람은 양면적인 존재이다. 그러나 교회에 나오는 사람들의 주된 동기는 내면적인 충족을 위해서이다.

우리는 하나님을 속일 수 없다. 사람도 잠시는 속여도 영원히 속일 수는 없다. 성도들도 영원히 속일 수 없다. 진정성을 가져야 한다. 예수님의 특기는 진정성이었다. 진정성을 기르고 준비해야 한다. 그리고 진정성의 호소력을 믿으라. 진정성으로 울어라. 사람이 죽는다는 사실에 대하여 진정성을 갖고 울어야 한다.

죽어가는 사람을 보라. 그 파리하고 나약한 모습에 대하여 진정성으로 볼 수 있는 심상을 길러야 한다. 허위는 버려야 한다. 이것은 도덕이 아니다. 나의 인생에 대한 문제이다. 이것은 윤리가 아니다. 이것은 진정한 나 자신을 위한 것이다.

진정으로 중요한 것은 무엇인가를 생각하여야 한다. 그래서 그 진정성을 개발하여야 한다. 모든 사람들이 모든 것에 대하여 진정성을 가지는 것은 아니다. 가질 수도 없을 것이다. 천하의 키에르케고르도 자신이 저주의 자식인 것을 알고 약혼자를 속여서 파혼하게 만들었다. 큰 진정성을 위하여 작은 진정성은 포기할 수밖에 없다.

성도와 목사 사이는 진정성의 관계이다. 나와 하나님 사이는 순종과 불순종 이전에 진정성의 관계가 먼저 이루어져야 한다. 바울이 예수 믿는 자들을 핍박하였지만, 그가 하나님께 사도로 임명 받은 것은 그의 진정성을 인정받았기 때문이다.

성경을 하나님의 말씀으로 정말 믿으라

"또 어려서부터 성경을 알았나니 성경은 능히 너로 하여금 그리스도 예수 안에 있는 믿음으로 말미암아 구원에 이르는 지혜가 있게 하느니라 모든 성경은 하나님의 감동으로 된 것으로 교훈과 책망과 바르게 함과 의로 교육하기에 유익하니 이는 하나님의 사람으로 온전하게 하며 모든 선한 일을 행할 능력을 갖추게 하려 함이라"(딤후 3:15-17).

곽선희 목사는 성경을 봉독할 때마다 "이 계시의 말씀을 듣는 중에 하나님의 음성을 들으시기 바랍니다"하고 읽는다. 성경은 하나님의 말씀이다. 단순한 교훈의 말씀이 아니다. 영벌과 영생을 가르는 칼과 같은 말씀이다. 이 말씀을 지키면 영생을 얻고 이 말씀을 순종하지 못하면 영벌을 받는다. 그런 생명의 말씀이 이 성경 안에 있는 것이다.

우리는 다른 곳에서 돈을 벌 수 있다. 그런데 왜 목사를 하는가. 왜 우리는 이 자리에 있는가. 생사와 축복과 저주를 가르는 말씀을 전하지 않는다면 우리는 아무 의미가 없다. 돈을 벌 수 없다. 목사가 돈이 있어 봐야 결국은 그것은 내 돈이 아니다. 남의 돈이다. 남의 것이 된다. 우리는 그저 궁하지 않으면 되는 것이다. 돈을 쓸 줄도 모른다. 평생 아껴만 보았기에 쉽지 않다.

우리는 말씀을 위하여 존재한다. 이 말씀으로 사람이 죽고 산다는 마음을 품고 전해야 한다. 내가 메시지의 내용으로 가득해야 한다. 정말 오늘 우리에게 주어진 말씀이다. 하나님은 성경으로 말씀하신다. 이 것을 내가 전하는 것이다. 이것이 되어 있어야 목회가 된다.

설교할 때에 진정성을 갖고 대하라

"자녀들아 우리가 말과 혀로만 사랑하지 말고 행함과 진실함으로 하자"(요일 3:18).

우리 교회 안수 집사가 나가서 다른 작은 교회에서 장로가 되었다. 그리고 우리 교회에서 나간 사람들을 규합하여 그 교회가 세워졌다. 교회의 발전 가운데 많이 고생한 분들이라서 마음이 짠하였다. 그래서 그 교회를 도와주고 싶기도 하였다. 그 교회 목사님에 대하여 물어 보았더니 그냥 순수한 분이라고 하셨다. 세속적인 실력을 넘어서 설교에 진실성이 있다는 것이다. 때로 지나치게 진실한 것이 사람의 매력인 것이다. 그것이 사람을 울리고 호소력을 불러 일으키는 것이다.

설교를 잘하면 좋다. 그러나 너무 잘하지 못하더라도 자기가 연구하고 발견한, 자기 진실이 있는 설교는 사람들에게 어느 정도 통한다. 설교가 충분한 은혜를 전하지 못하더라도 교인들은 설교를 통해 뭔가를 얻고 간다. 30명 교회 목회자가 명설교가가 되기는 쉽지 않다. 그러나 진실한 설교자는 될 수 있다.

설교할 때 진정으로 준비하라. 진정으로 설교하라. 사람들을 진정으로 대하라. 진정으로 기도하라. 이에 대한 성경 말씀은 수도 없이 많이 있다. 위대한 신앙인들은 모두 진정성을 가진 사람들이었다.

야곱이 진정성이 없었으면 얍복 강에서 기도할 수 있었을까? 목회자 자신이 설교하고 마음이 시원하다면, 그것이 진실한 설교이다. 나도 살고, 듣는 성도도 사는 설교가 바로 진실한 설교이다. 목사를 가까이 볼 수 있는 작은 교회에 있어야 할 것은 진정성이다.

십자가에 대하여 성실하라

"어리석도다 갈라디아 사람들아 예수 그리스도께서 십자가에 못

박히신 것이 너희 눈 앞에 밝히 보이거늘 누가 너희를 꾀더냐"(갈 3:1).

하나님의 아들 예수님이 나를 위하여 십자가에 죽으셨다. 우리는 이 사실로 천국에 간다. 여기에 진실하지 못하면 천국에 갈 수 없다. 이 십자가를 통과하여야 한다. 힘은 여기에서 나온다.

수많은 믿음의 선배들이 십자가에서 힘을 얻었다. 십자가로 인하여 삶을 개혁하였고 십자가를 기준으로 넘어진 자가 일어섰다. 십자가로 썩어진 양심이 새롭게 되어 힘을 얻고 종교개혁까지 했다. 사람은 정직하게 살 수 없다. 사람은 거짓된 존재이다. 그러나 십자가 앞에서는 자기를 속여서는 안 된다. 십자가에 앞에서 자기 성실이 있어야 한다. 모든 재생의 힘은 십자가에서 나온다.

나는 홀로 되뇐다. "나는 정말로 십자가에 앞에서 진실한가. 나는 십자가 앞에서 성실한가. 나는 십자가 앞에서 정직한가?" 십자가를 생각하면서 손을 부르르 떨릴 정도로 감동이 있어야 한다. 십자가에 성실하면 예수를 위하여 죽음을 불사한다. 십자가에 성실하면 새 사람이 된다. 내공이 생긴다.

하나님 앞에 성실하라

"만일 아브라함이 행위로써 의롭다 하심을 얻었으면 자랑할 것이 있으려니와 하나님 앞에서는 없느니라"(롬 4:2).

우리가 하나님 앞에 선다는 것은 율법이 아니다. 하나님 앞에 선다는 것은 은혜이다. 참 좋은 것이다. 두려움의 하나님을 생각하지 말고 사랑과 용서의 하나님을 생각하라.

그의 말씀은 우리를 다 행복하게 하기 위함이다. 하나님 앞에서 진정성과 성실성을 가진다는 것은 최고의 축복이다. 두려워할 필요가 없다. 그분에게 용서를 받고 축복을 받는다는 것은 그리 어려운 일이 아니다. 그런데 어렵다고 하는 사람이 많다. 나는 말하고 싶다. 축복은 어렵지 않다. 부흥은 어렵지 않다. 부흥은 쉽다. 목회 아이디어에 좌우되지 말라. 하나님 앞에서 성실한 재미를 얻으면 된다.

우리는 하나님의 사랑을 받고 있다. 사람이 살아남는 방법은 진정성이다. 여러 가지 진정성이 있지만 하나님 앞에서 진정성을 갖는다는 것만큼 중요한 것은 없다. 진정성도 여러 가지인데 하나님 앞에도 진정성을 갖고 사람 앞에서도 진정성을 가져야 한다고 하지만 우선 하나님 앞에서 진정성을 가져야 한다.

하나님 앞에서 진정성을 가지지 못하고 사람 앞에서 진정성을 갖는 사람들이 많다. 그는 사실 자신을 해치는 자이다. 하나님을 등지고 사람에게 진실하다는 것이 얼마나 많은 갈등을 가져오는가. 마음에 힘이 없는 자가 진실하려고 하니 가상하지만 그것은 자기를 해치는 것이 된다. 우선 하나님 앞에 진실하자. 하나님 앞에서 자기 진실은 마음에 힘을 준다. 그것이 설사 좀 잘못되었다 할지라도 거기에 진실이 있으면 하나님은 성장하기를 바라시기 때문에 통한다.

말씀 앞에서 성실하라

"만일 그들이 청종하여 섬기면 형통히 날을 보내며 즐거이 해를 지낼 것이요 만일 그들이 청종치 아니하면 칼에 망하며 지식 없이 죽을 것이니라"(욥 36:11-12).

사람이 하나님의 말씀에 성실하지 않으면 대책이 없다. 성경은 저자들에게 간단하고 단순하게 그냥 불러주어서 쓴 것이 아니다. 하나님은 삶의 현장 속에서 삶과 죽음이 엇갈리고 있다는 것을 아신다. 하나님은 삶의 현장 속에서 축복과 저주가 엇갈리고 있다는 것을 아신다. 이 말씀에 순종하면 살고 불순종하면 죽는다. 순종하면 성령이 역사하시는 것이고 불순종하면 사탄이 역사하는 것이다. 그것을 설명하시고 계신다. 절대 잊어서는 안 될 말씀인 것이다. 수많은 사건 중에서 특별한 사건이 주는 메시지가 삶과 죽음을 엇갈리게 할 수 있다. 화와 복을 가르는 메시지가 담겨 있다.

순종하면 축복으로 가는 상황을 심각하게 설명하시는 것이다. 불순종하면 사탄이 역사하는 것이다. 그 상황을 설명하고 계시는 심각한 상황인 것이다. 하나님은 세상을 보존하시기 위해서 그렇게 세상을 만드셨다. 하나님의 말씀에 성실하지 못하는 것은 참으로 불행한 것이다.

축복을 받기를 원하면서도 축복을 받을 지침은 따르지 않고 저주를 받는 불순종을 한다면 우리는 참으로 대책이 없는 존재인 것이다. 예외가 없다. 정상참작을 너무 강조하는데 그것은 불행을 좌초하는 것이다.

하나님의 속성에 대하여 성실하라

"하나님이 우리를 사랑하시는 사랑을 우리가 알고 믿었노니 하나님은 사랑이시라 사랑 안에 거하는 자는 하나님 안에 거하고 하나님도 그의 안에 거하시느니라"(요일 4:16).

하나님은 노하기를 더디 하신다. 은혜 베푸시기를 원하신다. 그분의 사랑하심과 용서하심에 대하여 우리는 성실하여야 한다. 우리의 생각은 너무 성실하지 못하다.

하나님은 거룩하신 분이시다. 우리는 하나님의 거룩하심과 사랑하심에 대하여 성실하여야 한다. 우리는 하나님의 영광에 대하여 성실한 생각을 해야 한다. 우리는 하나님의 지극히 높고 위대하심에 대하여 성실하게 생각하여야 한다.

우리는 사랑을 받아야 사는데 하나님의 사랑하심에 대하여 소홀하거나 부실하게 생각한다면 도저히 가망이 없는 존재이다. 하나님의 속성에 대하여 성실하게 생각하면 영적인 내공이 쌓인다. 우리는 세상 일도 성실하게 생각해야 한다. 그러나 하나님의 하나님 되심에 대하여 성실해야 한다.

우리의 친한 친구를 성실하게 믿는다면 그를 그대로 순수하게 믿어 주어야 한다. 사람과 사람 사이에서도 그러해야 하는데 하물며 하나님의 하나님 되심에 대하여 얼마큼 성실한 마음을 가져야 하겠는가? 이렇게 하나님에 대하여 성실하면 우리는 내면이 가득해 진다. 그래서 우리는 성공적인 목회를 하게 되는 것이다.

하나님의 법칙 앞에서 성실하라

"그 주인이 대답하여 이르되 악하고 게으른 종아 나는 심지 않은 데서 거두고 헤치지 않은 데서 모으는 줄로 네가 알았느냐"(마 25:26).

하나님의 공의라는 법칙이 있다. 하나님은 이 세상을 만드실 때 콩 심으면 콩이 나고, 팥 심으면 팥이 나도록 만드셨다. 이것이 하나님의 일반 계시이다. 이 공의의 법칙대로 세상은 돌아가야 한다.

돈은 돈의 법칙이 있다. 물은 물의 법칙이 있다. 음악은 음악의 법칙 있고 예술은 예술의 법칙이 있다. 영적인 법칙 속에서도 일반 법칙이 있다. 심은 대로 거두는 것이다. 내가 하나님 앞에 바친 것이 많다면 많이 거두는 것이다. 내가 다른 사람을 많이 섬겼다면 섬김을 받는 것이다. 목회자가 성도들을 사랑하면, 성도들로부터 사랑을 받게 되는 것이다.

너무 짧은 시간 안에 열매를 거두려고 하면 안 된다. 그것은 좀 치사한 것이다. 예수 믿는 사람은 좀 길게 보아야 하지 않는가? 목회자들은 뿌린 것이 없으면서 너무 많이 거두려고 한다. 섬긴 것이 없이 섬김을 받으려 한다.

우리 조상이 섬김의 삶을 살지 못했다면 당분간 내가 열심히 섬기더라도 당장 섬김 받을 것을 기대하지 말라. 기본이 없으면 안 된다. 내가 하나님 앞에 헌금한 액수가 얼마나 되는가. 그것이 정말 정직한 것이다. 기쁘게 섬기는 것이 신나게 섬기는 것이다. 힘차게 섬기는 것이다. 내가 거두고 자식이 거두고, 내가 드리고 섬기는 것이 곧 내 장래에 연결되는 일이다.

chapter
21

인간적인 것과
신적인 것

"왕골이 진펄이 아니고 나겠으며 갈대가 물 없이 자라겠느냐"

(욥 8:11).

인간적인 수단이라는 것

역사에는 전달하는 도체가 있어야 하는 것이다. 왕골로 무엇을 만들던지 아름답고 좋다. 그러나 진펄은 지저분하다. 이것이 역사라는 것이다.

선교사들이 복음을 전하러 타고 가던 배들은 거의 모두 제국주의의 배이었다. 심하면 아편 선이었다. 꾸즐라프(Karl F.A.Gutzllaff)가 타고 왔던 배가 오늘 날의 관점에서 보면 아편 선이었다. 토마스 목사가 타고 온 제너럴 사면 호는 오늘날의 관점으로 보면 해적선이다. 개항되지 않은 항구에 들어오면 해적선이 된다. 아름다운 지고의 선속에서 복음이 전해지기를 기다렸으면 그들은 동양에 선교하러 올 수 없었을 것이다. 이것이 역사의 아픔이다.

기도를 많이 하고 때로는 무리도 하는 것이다. 항상 반듯한 목회를 하라는 것은 좋은 말이다. 그러나 그것은 쉬운 것이 아니다. 역사적 관점을 생각하라는 말이다. 이러한 개념이 없이 모든 것을 기적으로만 해결하려고 하면 어렵다. 기적 밖에 없는 것처럼 사모하고 기도하면서도 기가 막히게 좋은 방법이 있는 지도 생각해야 한다.

인간의 한계

"오호라 나는 곤고한 사람이로다 이 사망의 몸에서 누가 나를 건져내랴 우리 주 예수 그리스도로 말미암아 하나님께 감사하리로다 그런즉 내 자신이 마음으로는 하나님의 법을 육신으로는 죄의 법을 섬기노라(롬 7:24-25).

인간은 한계가 있다. 행위에, 성실에 한계가 있다. 그래서 믿음으로 의롭다함을 얻는 것이라고 결론이 날 수 밖에 없는 것이다. 사도 바울의 영혼에 무죄성이 성립되지 않는 것이다.

우리 목회자에게 필요한 것은 성인이나 천사의 모습이 아니다. 오히려 가슴 아픈 죄인이라는 자기 발견이다. 이것이 우리의 마지막 발견이다. 이것으로 우리는 겸손하게 살아가는 것이다. 더 이상적인 모습은 없다.

교회 지도자들 가운데 자기 의를 내세우는 자들이 있다. 그것은 말장난에 지나지 않는 것이다. 정말 말장난에 불과할까? 그렇다. 그러한 증명은 수 천 년의 역사를 통해서 변증된 것이다.

이상적인 사랑을 실현하려고 하고, 그 이상 가운데 죽는 것을 동경하는 자들이 역사 속에 있었다. 그들은 진정한 순교자가 아니다. 갑바도기아의 순수한 신앙인들의 집단이 다 망해버렸다. 그 수도승 같은 자세를 버리고 세속 속에서 전도하고 그리스도의 도를 착실하게 역사의 현장 속에서 확장시켰어야 한다. 실수도 하고 눈물도 흘리고 그러면서 복음을 전했더라면 좋았을 것이다.

이 논리는 받아들이기가 힘들 것이다. 그러나 순수성에 지나치게 빠져서는 100명을 달성할 수 없다. 초대교회의 노스티시즘(Gnosticism)을 추구하는 형태를 취하지 말라. 눈물로 기도하라. 그 대신 세속 속에서도 승리하라. 이것이 더 높은 차원의 목회이다.

본질과 비본질

"율법 없는 자에게는 내가 하나님께는 율법 없는 자가 아니요 도리어 그리스도의 율법 아래에 있는 자이나 율법 없는 자와 같이 된 것은 율법 없는 자들을 얻고자 함이라 약한 자들에게 내가 약한 자와 같이 된 것은 약한 자들을 얻고자 함이요 내가 여러 사람에게 여러 모습이 된 것은 아무쪼록 몇 사람이라도 구원하고자 함이니"(고전 9:21-22).

기독교는 본질이 중요하다. 그러나 본질은 비본질적 요소인 문화적 요소와 같이 동행하는 것이다. 삶과 신앙은 하나이지 둘이 아니다. 신앙은 어떤 형태를 갖고 온다. 복음은 그 자체만으로 순수하게 전해지지 않는다. 그런 의미에서 볼트만의 비신화화는 잘못된 것이다.

'순 복음'같은 말은 어떤 교파적 경향의 특성을 나타낼 뿐이다. 추함과 어두움, 그리고 미완성과 결함이 있을 수밖에 없는 것이다. 어떤 한 단체나 개인이 청교도 같이 순수함을 추구하면 그것에 약간 도달하지만 곧 그들도 기구화 되고 경직성을 갖고 죄를 지을 수밖에 없는 것이다.

본질에 대하여 강한 생각이 있으면서, 복음의 전달을 위하여 문화적 유연성을 갖고 있어야 하는 것이다 그러나 완전히 넘어가서는 안 된다. 문화가 전부라고 생각해서는 안 된다. 비 본질이 전부하고 생각해서는 안 된다.

본질에 생명을 걸어야 하고 비 본질을 통해서 전달된다는 것을 생각하고 최선을 다해야 하는 것이다. 거기에 생각이 미쳐야 한다. 사고의 경직성을 가져서는 평생 100명을 넘을 수 없다.

순간이 중요하다

"그들이 사러 간 사이에 신랑이 오므로 준비하였던 자들은 함께 혼인 잔치에 들어가고 문은 닫힌지라 그 후에 남은 처녀들이 와서 이르되 주여 주여 우리에게 열어 주소서 대답하여 이르되 진실로 너희에게 이르노니 내가 너희를 알지 못하노라 하였느니라 그런즉 깨어 있으라 너희는 그 날과 그 때를 알지 못하느니라"(마 25:10-13).

순간이 중요하다. 순간적인 말 한마디로 모든 것을 다 망칠 수 있다. 순간적인 행동과 실수가 다 망칠 수도 있다. 성도들을 대할 때 자신이 없으면 사랑으로 대할 수밖에 없다.

성령의 기름, 사랑의 기름을 충분히 저장해야 한다. 준비가 부족하면 순간에 대처하기 못하게 된다. 그래서 기도로 충분히 준비해야 실수가 적다.

예수님이 무화과나무 옆을 지나가셨다. 무화과나무는 열매가 없어서 저주를 받았다. 억울하다. 그러나 이 말씀도 순간이 중요하다는 것을 말해준다. 언제 이 지구의 종말이 올지 모른다. 언제 나의 종말이 올지 모른다. 그래서 깨어 기도하는 자가 되어야 한다. 사람은 분초마다 시험을 당하는 것이다.

"아침마다 권징하시며 순간마다 단련하시나이까 주께서 내게서 눈을 돌이키지 아니하시며 내가 침을 삼킬 동안도 나를 놓지 아니하시기를 어느 때까지 하시리이까"(욥 7:18-19).

해와 달이 우리를 상치 않도록 우리를 지키시는 것은 감사한 일이다. 그러나 하나님 앞에 우리는 한 순간도 얼굴을 숨길 수 없는 긴장 속에서 살아야 하는 것이다. 순간은 영원이다. 순간의 행위라고 해서 없어지는 것이 아니다.

하나님은 우리를 사랑하셔서 우리의 죄를 용서하여 주셔도 우리의 죄 자체는 말소되지 않는 것이다. 최후의 심판이라는 것은 말소와 망각을 전제로 해서는 성립하지 못하는 교리다.

순간의 잘못도 울어야만 한다. 눈물로 씨를 뿌리는 자는 기쁨으로 거두게 된다. 말소하려고 하지 말라. 망각하려고 하지 말라. 그래서는 바로 설수가 없는 것이다. 순간의 실수로 인하여 치욕을 통과하게 되는 것이다.

역사적 사고

"예수께서 이 일을 아무도 알지 못하게 하라고 저희를 많이 경계하시고 이에 소녀에게 먹을 것을 주라 하시니라"(막 5:43).

역사적 사고라는 것은 눈에 보이는 것 중심의 관점이다. 어떻게 보이냐 하는 문제를 생각하는 것이다. 때로 하기 싫어도 행동으로 선을 이루어야 하는 것이다. 내가 분명히 이 말을 해야 하는 것이다. 내가 이 행동을 해야 하는 것이다. 그래서 남겨야 하는 것이다. 내가 내 역사책을 써야 하는 것이다. 역사 속에서 책임감을 가지는 것이다.

역사적 사고라는 것은 내가 구원 받는 이성으로 생각하여 꼭 해야 할 말을 하는 것이다. 꼭 참가하여야 할 자리는 참가하여야 하는 것이다. 꼭 주어야 할 사람에게는 돈이 없어도 구하여 주어야 하는 것이다. 돈이 없어도 빈손으로 가서는 안 될 자리에는 빈손으로 안 가는 것이다.

나는 아무리 잘해도 성도들의 입장에서 잘못하면 그것이 문제가 된다고 생각하여 보라. 이런 현실인식이 바로 역사인식이다. 사람들이 보고 듣기에 말이다. 사람들의 이해의 차원에서 말이다. 그래서 100명으로 가기 위하여 다음의 인간적인 안목의 조건들을 음미하여 보자.

1. 설교를 성도입장에서 듣고 흡족한 마음으로 돌아가겠는가.
2. 성도들 입장에서, 방문객 입장에서 찬양은 만족스럽겠는가?

3. 안내가 마음에 흡족하였는가?

4. 식사가 맛있었는가?

5. 영적인 분위기가 충분한가?

6. 장로님들의 섬김의 자세가 분명한가?

7. 교회가 주기를 좋아 하는가?

교회부흥 체크 리스트

아래의 질문에 60점 이상 받으면 100명이 될 수 있는 가능성이 있고
90점 이상이면 충분하다고 본다.

1. 나는 진정 십자가가 믿어지는가?

2. 나는 십자가로 굳게 서 있는가?

3. 십자가 때문에 언제든지 울 수 있는가?

4. 십자가로 인하여 나는 희생해도 기쁘다고 할 수 있는가?

5. 십자가로 인하여 나는 죽어도 기쁘다고 할 수 있는가?

6. 예수는 나에게 주인인가?

7. 예수는 나에게 친구인가?

8. 예수는 나에게 애인인가?

9. 예수와 나와는 이해관계를 초월한 사이인가?

10. 예수와 인격적인 사귐이 있는가?

11. 하나님은 크신가?

12. 하나님은 얼마나 크신가?

13. 하나님의 사랑으로 당신은 놀라는가?

14. 하나님의 사랑을 얼마나 굳게 믿는가?

15. 하나님에 대하여 몇 가지를 쓸 수 있는가?

16. 기도를 좋아하는가?

17. 기도가 재미있는가?

18. 기도 중에 힘이 오는 것을 느끼는가?

19. 기도를 하루에 얼마동안 하는가?

20. 다른 사람을 위해 기도하면 그 기도는 응답되는가?

21. 교회가 좋은가?

22. 교회에서 엎드려 기도하다가 잠이 들 수 있겠는가?

23. 교회에서 하루 종일 일하는 것이 좋은가?

24. 명절에도 교회를 지킬 수 있겠는가?

25. 교회에서 일하다가 죽더라고 좋겠는가?

26. 성도만 보면 좋은가?

27. 성도의 결점을 아무렇지 않게 덮어 줄 수 있는가?

28. 상처가 있더라도 상처를 감추어주고 장점을 살릴 수 있겠는가?

29. 성도를 바라보면 눈물이 나는가?

30. 성도가 잘못할 때 눈물로 고쳐 줄 수 있겠는가?

31. 회개하는 것이 즐거운가?

32. 회개하기에 어려운 일이 있는가?

33. 이제까지 타당하다고 굳게 믿고 있었던 것이 잘못되었다는 것을 알았을 때
　　회개하는가?

34. 전적인 자기 부정이 있는가?

35. 내가 잘못한 것을 누군가 지적할 때 수용하고 회개 할 수 있겠는가?

36. 예수님을 위하여 충성할 수 있는가?

37. 예수님을 위하여 손해 볼 수 있는가?

38. 복음을 위하여 죽을 수 있는가?

39. 무엇을 하던지 죽음의 자세로 하는가?

40. 예수님을 위하여 내가 하기 싫은 일도 할 수 있는가?

41. 평소 항상 기쁜가?

42. 행복의 비결을 나눌 수 있는가?

43. 유머가 있는가?

44. 영의 기쁨을 날마다 누리고 있는가?

45. 기뻐하면서 전하고 찬송하는가?

46. 말에 진정성이 있는가?

47. 말에 성령의 역사가 함께 하는가?

48. 말에 논리성이 있는가?

49. 말로서 사람의 마음을 움직이는가?

50. 말에 에너지가 넘치는가?

51. 나와 같이 마음을 나눌 동지가 있는가?

52. 나에게 충분히 지도를 해줄 나보다 나은 자가 있는가?

53. 영적인 멘토가 있는가?

54. 행정적인 멘토가 있는가?

55. 나의 잘못을 가혹하게 지적하여 줄 수 있는 자가 있는가?

56. 생각하는 것의 중심이 분명한가?

57. 생각하는 것의 순서가 분명한가?

58. 생각하는 것의 초점이 때로는 상대를 배려 할 수 있는가?

59. 생각하는 것이 상대편의 눈높이로 이동될 수 있는가?

60. 때로는 생각하는 것이 이분법적으로 선명한가?

61. 설교할 때에 내용과 함께 전달될 사랑의 정서가 충분한가?

62. 설교할 때 전하고자 하는 내용에 대하여 확신하고 설교하는가?

63. 설교할 때 성경을 중심으로 전하는가?

64. 설교할 때 항상 기가 살아있는가?

65. 설교할 때 당신의 가슴은 살아있는가?

66. 성도들에게 말을 할 때에 성실한가?

67. 성도들의 이야기를 들을 때에 성실한가?

68. 설교준비에 성실한가?

69. 십자가에 대하여 성실한가?

70. 하나님의 법칙에 대하여 성실한가?

71. 성경을 몇 번 읽었는가?

72. 성경의 몇 구절을 암송하고 있는가?

73. 성경을 매일 가까이 하고 있는가?

74. 성경전체를 거의 다 꿰뚫고 있다고 생각하는가?

75. 성경의 영감이 풍부하여 그 풍부함을 맛보고 있는가?

76. 당신은 미리 준비하는가?

77. 사람의 마음을 미리 예측하고 돌아서기 전에 미리 대비하는가?

78. 중요한 문제에 대하여 미리 기도로 대비하는가?

79. 누구든지 그냥 무관심으로 지나가지 않고 사랑으로 예비하는가?

80. 누군가가 나를 적대시 할 때 문제가 생기기 전에 대비하는가?

81. 돈을 잘 관리 하는가?

82. 돈을 쓰는 순서가 분명한가?

83. 돈을 함부로 사용하지 않는 사람인가?

84. 돈을 쓰는 것을 보시고 하나님이 기뻐하시겠는가?

85. 하나님께 돈을 드리는 것이 아깝지 않는가?

86. 사람들이 당신을 따르는 편인가?

87. 당신은 다른 사람에게 긍정적인가, 부정적인가?

88. 당신은 다른 사람을 칭찬 하는가, 비판적인가?

89. 당신은 당신 안에 좋은 기운을 갖고 있는가?

90. 당신은 이타주의인가, 이기적인가?

91. 당신은 마음과 마음의 연결점을 만들 수 있는가?

92. 당신은 투명한 사람인가?

93. 당신은 마음이 넓은 사람인가?

94. 당신은 분명한 사람인가?

95. 당신은 섬기면서 행복한가?

96. 당신은 전도하겠다는 마음이 있는가?

97. 당신은 전해야 할 이유가 분명한가?

98. 당신은 이마를 굳히는 사람에게 이마를 굳히고 전하는가?

99. 당신은 전도자의 명단을 갖고 있는가?

100. 당신은 전도대상자를 향한 눈물이 있는가?

초판 1쇄 _ 2018년 7월 27일

지은이 _ 김형제

펴낸이 _ 김현태

디자인 _ 디자인 창 (디자이너 장창호)

펴낸곳 _ 따스한 이야기

등록 _ No. 305-2011-000035

전화 _ 070-8699-8765

팩스 _ 02- 6020-8765

이메일 _ jhyuntae512@hanmail.net

따스한 이야기 페이스북

https://www.facebook.com/touchingstorypublisher

따스한 이야기는 출판을 원하는 분들의 좋은 원고를
기다리고 있습니다.

가격 12,000원